DAS NYKTHEMERON
DES
APOLLONIUS VON TYANA

DAS NYKTHEMERON
DES
APOLLONIUS VON TYANA

ERKLÄRT VON

JAN VAN RIJCKENBORGH

VIERTE, ÜBERARBEITETE AUSGABE

1992

ROZEKRUIS PERS – HAARLEM – NIEDERLANDE

Übersetzt aus dem Niederländischen
Ursprünglicher Titel:
Het Nuctemeron van Apollonius van Tyana

Internationale Schule des Goldenen Rosenkreuzes
Lectorium Rosicrucianum
Hauptsitz:
Bakenessergracht 11-15, Haarlem, Niederlande

ISBN 90 6732 080 3

Inhalt

Das Nykthemeron
des
Apollonius von Tyana

ERSTE STUNDE   *In der Einheit singen die Dämonen das Lob Gottes; sie verlieren ihre Bosheit und ihren Zorn.*

ZWEITE STUNDE   *In der Zweiheit singen die Fische des Tierkreises das Lob Gottes, die Feuerschlangen winden sich um den Schlangenstab, und der Blitz wird harmonisch.*

DRITTE STUNDE   *Die Schlangen am Schlangenstab des Hermes umschlingen sich dreimal. Zerberus öffnet seinen dreifachen Rachen, und das Feuer singt Gottes Lob mit den Zungen des Blitzes.*

VIERTE STUNDE   *In der vierten Stunde kehrt die Seele zum Besuch der Gräber zurück. Es ist der Zeitpunkt, da die magischen Laternen an den vier Ecken der Kreise angezündet werden. Es ist die Stunde der Verzauberungen und der Täuschungen.*

FÜNFTE STUNDE   *Die Stimme der großen Wasser besingt den Gott der himmlischen Sphären.*

SECHSTE STUNDE *Der Geist bleibt unbewegt, er sieht die höllischen Ungeheuer gegen sich anrücken, und er ist ohne Furcht.*

SIEBENTE STUNDE *Ein Feuer, das allen beseelten Wesen Leben gibt, wird vom Willen reiner Menschen gelenkt. Der Eingeweihte streckt die Hand aus, und Frieden breitet sich über das große Leiden.*

ACHTE STUNDE *Die Sterne sprechen miteinander. Die Seele der Sonnen antwortet auf das Seufzen der Blumen. Durch Ketten der Harmonie werden alle Naturwesen miteinander verbunden.*

NEUNTE STUNDE *Die Zahl, die nicht geoffenbart werden darf.*

ZEHNTE STUNDE *Der Schlüssel für den astronomischen Zyklus und den Kreislauf des Menschenlebens.*

ELFTE STUNDE *Die Flügel der Genien rauschen geheimnisvoll. Sie fliegen von Sphäre zu Sphäre und bringen Gottes Botschaft von Welt zu Welt.*

ZWÖLFTE STUNDE *Hier werden die Werke des ewigen Lichtes durch das Feuer erfüllt.*

Einleitung

Vielleicht haben Sie schon einmal von Apollonius von Tyana gehört, dieser geheimnisvollen Gestalt am Beginn unserer Zeitrechnung. Apollonius von Tyana wird als Philosoph der neu-pythagoräischen Schule bezeichnet, als ein Philosoph, der von den Gegnern des Christentums nicht nur mit Jesus verglichen, sondern sogar über diesen gestellt wurde. Auch seine Geburt wurde, ebenso wie die Geburt Jesu, vom Heiligen Geist angekündigt.

Er reiste und lehrte in fast allen Ländern rings um das alte Weltmeer. Das Volk strömte von allen Seiten herbei, um ihn zu hören, und er besaß – nach damaligen Begriffen – zahllose Anhänger. Er verrichtete viele Wunder, heilte Kranke, und sein Einfluß war so groß, daß dort, wo er erschien, kämpfende Völker die Streitaxt begruben. Er wurde, was verständlich ist, von den geistlichen Machthabern verfolgt, mehrmals gefangengenommen und gemartert. Als man ihn schließlich von wilden Hunden zerreißen lassen wollte, verschwand er auf rätselhafte Weise.

Nachdem er vom Schauplatz der Welt verschwunden war, wurde sein Schicksal und seine ganze Lebensgeschichte in einem Buch niedergelegt. So entstand schließlich ein

Evangelium mit acht umfangreichen Teilen. Der Inhalt war so großartig und eindrucksvoll, daß die junge christliche Kirche samt ihren Gründern sich davor fürchteten. Einem solchen Konkurrenten waren sie nicht gewachsen, und darum griffen sie zu den so ganz besonders klassischen kirchlichen Mitteln: Mord, Verfolgung und Vernichtung.

Da es in jenen Tagen noch keinen Buchdruck gab und die Bücher des Apollonius von Tyana selbstverständlich ausschließlich aus Handschriften bestanden, die nur in geringer Anzahl vorhanden waren, konnten diese Handschriften sehr einfach gestohlen, konfisziert und vernichtet werden. Ferner wurde das Volk auf sehr grausame Weise zur Ordnung gerufen; so daß durch die erprobte Methode, Angst aufzurufen, die Erinnerung an Apollonius von Tyana ausgelöscht wurde, eine äußerst raffinierte und durchaus klassische Methode, die noch bis auf den heutigen Tag beliebt ist: nämlich die Verfälschung. Von Zeit zu Zeit erschienen Schriften von und über Apollonius von Tyana, die nur von Eingeweihten als Fälschungen erkannt werden konnten.

So konnte dieser Mensch von niemandem mehr in Wahrheit und Wirklichkeit erkannt werden. Apollonius von Tyana wurde dadurch im Lauf der Zeit zu einer legendären Gestalt, und es ist nicht verwunderlich, daß viele an seiner Existenz überhaupt zweifelten. Das Ziel war somit erreicht, Apollonius von Tyana war, nach einigen Jahrhunderten beharrlichen, energischen und intelligenten Wirkens, in den legendären Winkel verbannt, seine Lehren wurden verfälscht, als mysteriös und unwirklich bezeichnet. Sein Ursprung, seine Herkunft, seine historische Erscheinung wurden mit Fragezeichen versehen.

Als es so weit gekommen war, konnten die Verschwörer weiterarbeiten. In einigen öffentlichen Bibliotheken wurden gefälschte Schriften von ihm und auch von vielen anderen als Schenkung oder auf andere Weise untergebracht, nach der Methode: »Irgendwo gefunden und ausgegraben!« Nun stürzte sich die intellektuelle Welt darauf. Die Handschriften wurden natürlich von darin geübten Leuten entziffert und beurteilt. Es erschienen dicke Bücher, mit deren Hilfe der eine oder andere zum Doktor promovieren konnte. So breitete sich die Saat der Verfälschung und Entstellung aus. Jene aber, die – bis auf diese Stunde – unwissend daran mitwirkten und, stolz auf ihr Wissen, die Weisheit des Apollonius von Tyana gründlich analysiert in ihrer Tasche haben, wurden Opfer des Wahns, wie so viele, die auf diese Weise geopfert wurden, denn Ausgrabungen alter Schriften sind an der Tagesordnung.

Wir jedoch, die wir bereit sind, den Pfad der Rose und des Kreuzes zu gehen, wir wissen und erkennen, daß man die Wahrheit sehr lange in Ketten legen kann, daß man die Wahrheit sehr lange entstellen kann, daß man Wahrheitsdiener verfolgen und angreifen kann, daß aber die Wahrheit sich einmal befreien wird. Je länger man sie zügelt und fesselt, desto größer werden die Spannungen, und desto mächtiger wird einmal, einer Eruption gleich, das Feuer der Wahrheit ausbrechen.

Sie werden verstehen, daß Apollonius von Tyana einer der ganz Großen war. Beim Tagesanbruch unserer Zeitrechnung erschien in den Ländern um das alte Weltmeer, im großen Bildungs- und Kulturgebiet jener Tage, eine Anzahl großer gnostischer Arbeiter der universellen Gnosis.

Jesus der Herr war einer von ihnen. Sie bildeten eine geweihte Gruppe von sieben Söhnen des Vaters oder Söhnen der Witwe, Abgesandte der Seelenmenschheit. So ist es für uns klar, daß Apollonius von Tyana wie seine Brüder einen Kreuzweg ging, einen Weg des Leidens und Opfers, vom eigenen Herzblut gezeichnet. Er wurde geliebt von seinen gnostischen Kindern und gehaßt von den Dienern der dialektischen Natur. Dieser Lauf der Dinge ist so bekannt, daß wir nicht weiter darauf einzugehen brauchen.

Wir wollen diese große Gestalt vor unserem geistigen Auge aufsteigen lassen und sie vom Staub, dem Wahn und dem Verrat der Jahrhunderte befreien. Wir wollen Ihnen diesen Sohn des Vaters, diesen Gottgesandten, so zeigen, wie er wirklich ist, denn der universelle Kreis der großen göttlichen Söhne hat in den letzten der Tage wieder die Initiative für eine große Arbeit ergriffen. Darum muß auch Apollonius von Tyana in das Licht der Wahrheit gestellt werden. Da die Stunde vor dem Anbruch der Morgenröte stets die dunkelste ist, kann man auch jetzt erwarten, daß die Initiative der jungen Gnosis, Apollonius von Tyana wieder in das helle Licht der Wirklichkeit zu stellen, von gleichen und ablenkenden Initiativen der dialektischen Hierarchie begleitet wird.

Unser Kommentar basiert auf einigen Fragmenten aus einer bereits früher erschienenen Ausgabe seiner Werke[*]. Aus diesen Fragmenten werden Sie deutlich und klar erkennen, warum seine Lehren beseitigt und seine histo-

---

[*] Das *Nykthemeron* wurde von Eliphas Lévi als Anhang seines Werkes *Rituel de la Haute Magie*, Paris 1856, publiziert.

rische Erscheinung im Bewußtsein der Menge gelöscht wurde.

Die von Apollonius von Tyana gegründete gnostische Schule hatte die direkte Verwirklichung des Lebens der Seele zum Ziel. Er wünschte, ohne Umwege direkt auf das eine Ziel zuzugehen. Darum wandte er sich an jene, bei denen er Offenheit und Verständnis voraussetzen konnte. Seine Lehren waren absolut ungeeignet für dialektischen Gebrauch, sie waren ungeeignet für die Diener dieser Welt. Man hat es Apollonius von Tyana später übelgenommen, daß er sich nicht mit »jedermann« einließ, daß er sein Publikum auswählte, »siebte«. Wir werden das verstehen, zumal das Rosenkreuz auch derartige Maßnahmen trifft.

Wir würden jedoch Apollonius von Tyana keine Gerechtigkeit widerfahren lassen, wenn wir nicht gleichzeitig feststellen, daß sein Liebeslicht, sein intensives Mitleiden die gesamte Menschheit umfaßte und seine Wundertaten und Heilungen ohne Ausnahme zum Dienst aller geschahen. Allein auf dem Gebiet des »Heimbringens« in die wahre Wirklichkeit richtete er sich an jene, die direkt dazu geeignet waren, unmittelbar »nach Hause« gebracht zu werden. Er handelte so, weil er wußte, daß seine Brüder auf einem anderen Gebiet und auf breiterer Basis wirkten – wie zum Beispiel Jesus der Herr – der mehr für das zukünftige Geschlecht der Auserkorenen sorgte.

Darum richtete Jesus sich an die Menge, aber auch – wie wir wissen – im vertrauten Kreis an seine Jünger. Er sprach in Gleichnissen, mit verschleierten Worten und Symbolen, um Verlangen und Glauben bei der Menge zu erwecken. Darum waren die Reden Jesu gut dazu geeignet, von den Widersachern umgebogen zu werden. Welch eine ausgezeichnete Methode war es für sie, die Worte eines Gottgesandten, der sich an die Menge wandte, zu übernehmen und mit diesen selben Worten ihre eigenen Ziele zu bemänteln. Welch eine ausgezeichnete Methode war es für sie, Jesus zu einem Gott zu erheben, zu einem unantastbaren, unerreichbaren Gott und sich selbst zu seiner Kirche und Priesterschaft.

Aber dann mußte gleichzeitig Apollonius von Tyana vom Schauplatz verschwinden und seine direkten Lehren, wie jede Gnosis, hinweggefegt werden. Denn Apollonius lehrte den Gott-Menschen der hermetischen Philosophie, den Menschen, der durch Transfiguration und Wiedergeburt der Seele unmittelbar in das befreiende Leben selbst eintritt, um auf diese Weise den Gott in sich zu befreien und wirken zu lassen.

Das »Große Spiel«* ist keine Zukunft. Es ist ein neues Kapitel jenes Spiels, das man schon seit Jahrtausenden mit der Menschheit spielt. Zerreißen Sie wie mit einem Ruck für sich selbst das Gewebe des Wahns und des Betruges, in dem man Sie solange gefangen hält, und lassen Sie die direkten Lehren des Apollonius von Tyana auf sich einwirken. Erfüllen Sie diese unter Aufbietung Ihrer ganzen Kraft! Dann lassen Sie auch Jesus dem Herrn Gerechtigkeit widerfahren, der vor zweitausend Jahren zu Ihnen in Gleichnissen sprach, weil Sie damals noch nicht reif waren, es anders aufzunehmen, zu verstehen und zu erfüllen.

Wir werden zu Ihnen in diesem Buch über das *Nykthe-*

---

* Siehe Jan van Rijckenborgh, *Demaskierung*, Rozekruis Pers, Haarlem, 1992.

meron des Apollonius von Tyana sprechen. Diesen Titel möchten wir übersetzen als »der Tag Gottes, der in der Finsternis scheint«, oder »der Gott, der in unserem Mikrokosmos gefangen liegt.« Dieser »Tag« ist in zwölf Stunden oder Stufen eingeteilt, und jede Stunde enthält eine konkrete Anweisung, auf welche Weise »der Tag Gottes« von jedem Kandidaten verwirklicht werden kann und wird. Die Methode ist ein Weg zur vollständigen Befreiung.

In der Einheit singen die Dämonen das Lob Gottes; sie verlieren ihre Bosheit und ihren Zorn.

Erste Stunde

Wie bereits in der Einleitung gesagt, besteht der im Nykthemeron beschriebene »Tag Gottes« aus zwölf Teilen, die »Stunden« genannt werden. Wir wollen nun einen Blick auf die Erste Stunde werfen, die lautet:

In der Einheit singen die Dämonen das Lob Gottes; sie verlieren ihre Bosheit und ihren Zorn.

Wer den Pfad der universellen Gnosis beschreiten will, muß damit beginnen, in die Erste Stunde einzutreten. Sie bezieht sich auf den johanneischen Pfad, den Weg des Rechtmachens der Pfade für den Gott in uns, das ist der gefallene Seelenmensch.

Bei den Dämonen, die hier gemeint sind, handelt es sich nicht um die schemenhaften Bewohner der Spiegelsphäre, sondern um Dämonen, die in jedem Menschen vorhanden sind. Ohne Übertreibung kann gesagt werden, daß jeder dialektische Mensch von Dämonen besessen ist. Das Dämonische ist das Böse und Unreine, das Sündige im Menschen. Das Dämonische ist die negative Summe aller Leben, die im Mikrokosmos gelebt wurden und als ein Bündel bestimmter magnetischer Spannungen im Unterbewußtsein vorhanden sind.

Der Mikrokosmos des Menschen enthält also zahllose magnetische Ladungen verschiedener Art, die er auf seinen endlosen Reisen durch die dialektische Natur aufgenommen hat, und zwar durch diverse Lebenssituationen und Empfindungen, Gedanken, Taten und Erfahrungen. Sie verstehen, daß jeder Mensch immer damit beschäftigt ist, neue negative, das heißt, noch latente, magnetische Spannungen zu bilden. All diese magnetischen Spannungen unterschiedlichster Art formen das persönliche Atemfeld, das Feld, in dem Sie leben, die Atmosphäre, in der Sie als einzelner Mensch atmen.

Sie haben sicher schon einmal so dagesessen und die dahinziehenden Wolken beobachtet. Wenn Sie sich darauf konzentrieren, dann sehen Sie in jeder Wolke unzählige und vielförmige Gesichter. Diese starren Sie an und blicken in die Ferne, sie sind abwechselnd böse und wesenlos, und es liegt etwas Mattes, etwas Unwirkliches darin. Sie gleichen negativen Träumen. So können Sie auch in Ihr eigenes Atemfeld innerhalb Ihres aurischen Wesens starren. Alle diese wolkenartigen magnetischen Spannungen haben ebenfalls Köpfe und besitzen seltsame und gigantische Gestalten, mehr oder weniger mißgestaltet und dämonisch. So kann man verstehen, warum die Menschen, die dieses im eigenen Wesen sehen, von Dämonen sprechen. Es sind die Bilder magnetischer Spannungen aus dem Unterbewußten. Es sind die Spannungen des aurischen Atemfeldes.

Warum spricht man vom »Unterbewußtsein«? Weil es auch noch ein anderes Bewußtsein gibt, das gewöhnliche Ich-Bewußtsein. Dieses Ich-Bewußtsein entwickelt sich als Summe aller Bewußtseinskerne, aller Atome, die Ihr System bilden, und es wird von direkten Strahlungen siderischer Art aus dem uns umgebenden Kosmos ernährt. Die dämonischen Wolken der soeben geschilderten magnetischen Spannungen halten sich jedoch nicht nur in Ihrem Atemfeld auf, sondern sie durchdringen Sie, denn sie gehören zu den fünf naturgebundenen Seelenfluiden und damit auch zu jedem Atom Ihrer Wesenheit.

Es ist also nicht nur ein positives Lebensprinzip im Menschen, das ihn »ich« sagen läßt, sondern auch ein unterbewußtes Drängen, ein Ziehen nach den Abgründen der Vergangenheit, die Vielstimmigkeit eines negativen Lebensprinzips, des Unterbewußten.

Daher stellten viele Erforscher der menschlichen Psyche zu allen Zeiten zwei Ichs im Menschen fest, das Ich des gewöhnlichen Bewußtseins und das Ich des Unterbewußtseins; das Ich der gewöhnlichen Natur und das Ich der disharmonischen und teuflischen Natur. Unverkennbar leben und bestehen alle Menschen aus beiden Ichen. In einem Augenblick leben sie aus dem gewöhnlichen Ich, und das erscheint normal. Im folgenden Moment leben sie aus dem unterbewußten Ich und sind dann, wie es heißt, abnorm. Sie werden dann von den Urkräften der Vorzeit zu Handlungen, Gedanken und Empfindungen hingerissen, die das normale Ich bedauert. Es gibt Menschen, viele Menschen, die von den disharmonischen magnetischen Spannungen dermaßen beherrscht werden, daß sie mehr aus dem Anormalen als aus dem Normalen leben. Sie sind dann vom Teufel besessen, sie sinken oftmals unter die gesellschaftlichen Lebensnormen, denn ihr Nervensystem ist ihnen nicht gewachsen.

Man hält diese Menschen für Verbrecher. Jene, die über sie urteilen und sie verurteilen, und jene, die als Zuschauer dabeistehen, werden noch nicht vom eigenen Unterbewußten beherrscht, noch nicht! Ihre unterbewußte Art zeigt sich noch nicht nach außen, aber hinter den Mauern ihrer Häuser, hinter den Wänden ihrer Zimmer lassen sie ihrem Trieben freien Lauf. Auf diese Weise können sie noch ein armseliges Gleichgewicht bewahren, indem sie in der Öffentlichkeit den Gerechten und Rechtschaffenen spielen. Ihr Zustand ist jedoch genauso disharmonisch und genauso kompliziert wie der eines Verbrechers. Das ist der Zustand der gesamten geoffenbarten menschlichen Lebenswelle.

Die unzählbaren Zeitalter dialektischer Offenbarungen sprechen in jedem Wesen als eine Reihe disharmonischer magnetischer Spannungen und ungelöster Probleme. Das ist das Teuflische im Menschen. Das ist das spezifisch Eigene. Das ist das Sündige. Und wer als naturgeborener Mensch behauptet, daß er nicht aus der Sünde ist, der lügt. In dieser grauen Wirklichkeit packt Apollonius von Tyana seine Schüler an.

Die sogenannte moderne Psychologie ist also absolut nicht modern, sondern ein Versuch, mit den Wahrheiten der alten Gnostiker und mit den alten okkulten Methoden den Menschen vor den eigenen Dämonen zu schützen, jedoch ohne ihn wirklich zu heilen. Es ist die moderne Version der bekannten alten Teufels-Austreibung. Apollonius von Tyana stellt seine Schüler vor die erschütternde Wahrheit der Dialektik, daß nämlich jeder Mensch das Produkt der gesamten Vergangenheit des Mikrokosmos ist. Die Vergangenheit und die Gegenwart verflechten sich zu zwei Ichen, dem Bewußten und dem Unterbewußten.

Wie müssen Sie sich nun in dieser erschütternden Wirklichkeit verhalten? Sie müssen diese Wirklichkeit annehmen! Und Sie müssen danach streben, dieses komplizierte Ganze derart vielfältiger magnetischer Spannungen vor die Gnosis und ihr Licht zu stellen, wenn die Erste Stunde des Nykthemeron anhebt. Auf diese Weise rufen Sie die tröstenden, heilenden Strahlen Bethlehems auf, im tiefen Glauben, daß allein von den Bergen dieser Erhabenheit Ihr Heil kommen wird. So rufen Sie zunächst die wahrlich heilenden Kräfte auf. Und wenn Sie diese helfenden Kräfte aufrufen und sich diesen magnetischen Strahlungen hingeben, dann müssen Sie natürlich vollkommen daraus leben. Sie müssen sich mit diesen Kräften – so sagt Apollonius von Tyana – mit all Ihrer Ernsthaftigkeit anstrengen, um etwas davon zu verwirklichen.

So entwickeln sich im Schüler, der auf dem Teppich steht, fünf Prozesse, gleichzeitig im Bewußten und auch im Unterbewußten.

Die Gnosis geht dann mit Ihnen, erstens, ins Gericht, das heißt, das ganze Leben und das ganze Lebensfeld in seiner Kompliziertheit wird von gnostischen Strahlungen angegriffen.

Dadurch erhält der Kandidat, zweitens, tiefe Selbsterkenntnis. Das Bewußte und das Unbewußte werden miteinander konfrontiert. Der Schüler entdeckt die Ursache der sonderbaren und abweichenden Spannungen, die sein Leben oft beherrschen, ihn mit sich fortreißen und oft so gigantische Gestalten annehmen.

Auf diese Weise wird der Kandidat, drittens, seine Selbstverachtung überwinden. Denn sind Sie nicht oft entweder von Selbstverachtung oder Selbstüberhebung beseelt? Halten Sie sich selbst nicht – ganz im Geheimen – immer wieder für einen unwürdigen Nichtsnutz? Wissen Sie nicht und haben Sie es nicht oft erfahren, welch eine lähmende Wirkung davon ausgeht? Um das zu überwinden, müssen Sie die Ursache dieser teuflischen Kraft der Lähmung absolut durchschauen. Das Durchschauen dieser Ursache im Licht der Gnosis ist gleichseitig ihr Hinwegnehmen. Nach einem Fall in die Selbstverschmähung ist der Kandidat lange Zeit von einem großen Vakuum umgeben, in das nur eine große Kälte eindringen kann. Es ist das Niemandsland der Einsamkeit.

Darum durchbrechen die gnostischen Strahlungen, viertens, das Vakuum der Isolation, und das gnostische Heil dringt schließlich in alle Teile des Mikrokosmos, der Persönlichkeit und des Atemfeldes ein. So bilden sich im ganzen Atemfeld Brennpunkte einer neuen Lebenskraft. Eine neue magnetische Sphäre beginnt sich auszubreiten. Ein neuer Ich-Zustand beginnt sich zu formen. Das neue Ich ist die Synthese, die Vereinigung des Bewußten mit dem Unterbewußten. Disharmonie setzt sich in Harmonie um.

Dann kommt fünftens der glorienvolle herrliche Moment, da in dieser Vereinigung die alten disharmonischen Spannungen verflogen sind und in der neugeborenen Einheit alle früheren Dämonen und Teufel das Lob des Vaters singen. Alle Widerstände sind verschwunden und haben ihren früheren Zorn und ihre Bosheit verloren.

Auf diese Weise kann jeder Kandidat die Pfade für seinen

Gott recht machen und vollkommen würdig werden, den Pfad der Befreiung dem Bewußtsein entsprechend zu beschreiten.

Zuerst muß das Unterbewußte im Bewußten aufgehen und dann beide in der Läuterung der Gnosis. Das ist die Aufgabe der Ersten Stunde des Nykthemeron des Apollonius von Tyana. Wer diese Aufgabe in der Ersten Stunde seines Tages Gottes anpackt, löscht nicht seine Vergangenheit oder sein Karma aus, wie einige es zu bezeichnen pflegen, sondern er macht die Vergangenheit sehr wertvoll. Er bildet daraus eine bleibende Schatzkammer der Weisheit, Erfahrung und Kraft.

Die im Menschen wühlenden und siedenden disharmonischen Spannungen der Vergangenheit werden nicht so sehr von schrecklichen Taten, Gedanken und furchtbaren Geschehnissen in vergangenen Zeiten verursacht, sondern es geht meistens um Dinge, Erfahrungen, Probleme und Prozesse, die noch nicht erledigt sind, die noch kein Ende, noch keine Bekrönung gefunden haben. Der Mensch steht also vor einer Aufgabe, die seine Vorfahren und Vorgänger nicht erledigt haben.

Wenn Sie nun im selbstentdeckenden Leben des wahren Schülertums die gnostische Atmosphäre in Ihr ganzes Wesen einlassen, dann machen Sie so die Pfade recht, gewappnet mit der Kenntnis aus der Schatzkammer der Vergangenheit. Und dann wird alles, was sich als disharmonisch offenbart, mit allem anderen das Lob des Gottes in Ihnen klangvoll verkündigen. Die gesamte Vergangenheit steht dann als Gewinn im lebendigen Heute und hinter einer absolut sicheren Zukunft.

In der Einheit der Naturkräfte, auf der Basis der Geist-seele, singen alle Naturkräfte das Lob zur Ehre Gottes. Sie verlieren ihre Bosheit und ihren Zorn.

In der Zweiheit singen die Fische des Tier-
kreises Gottes Lob, die Feuerschlangen
winden sich um den Schlangenstab, und
der Blitz wird harmonisch.

Zweite Stunde

Die Erste Stunde des Apollonius von Tyana beschreibt, wie alle disharmonischen, unverstandenen und somit unbeherrschten magnetischen Spannungen, die im Mikrokosmos auftreten, durch das gnostische Schülertum zur Einheit geführt werden können, wie sie infolgedessen ihre negativen Äußerungen der Bosheit und des Zorns verlieren und sich vollkommen in den Dienst des Kandidaten der gnostischen Mysterien stellen.

Jede magnetische Spannung, mit der das aurische Wesen des Menschen geladen ist, wird von einer bestimmten Tat verursacht, durch eine Handlung in der Lebensperiode einer der Persönlichkeiten, die im Mikrokosmos lebten. Wenn sich alle diese magnetischen Spannungen, von ihrer Bosheit, ihrem Zorn und ihren eventuellen Reaktionswirkungen befreit, in den Dienst des jetzt lebenden Menschen stellen, wird ein enormer Schatz an Erfahrung, Läuterung und Kenntnis frei, durch den jeder Kandidat tausendmal stärker wird, als es im gewöhnlichen Lebenszustand möglich wäre.

Der Ersten Stunde paßt sich nun die Zweite Stunde an:

In der Zweiheit singen die Fische des Tierkreises Gottes Lob,
die Feuerschlangen winden sich um den Schlangenstab, und
der Blitz wird harmonisch.

Um dieses Wort zu verstehen, müssen Sie gut beachten, was die Erste Stunde Ihnen sagen wollte, nämlich, daß der Kandidat, auf dem Teppich stehend, durch eindeutige Ausrichtung die Herrschaft über sich selbst erlangt, und durch diese Einheit des Selbstes die Teufel im Selbst ihre Bosheit und ihren Zorn verlieren. Fundamental ist der Kandidat jetzt nicht mehr an das niedere dialektische Leben gebunden. Er ist dann befreit, um den Pfad gehen zu können, und diese fundamentale Freiheit ist nur durch die besprochene Umwandlung der Dämonen im Menschen möglich, durch das sich Losringen aus dem chaotischen Griff der magnetischen Spannungen im Menschen sowie ihre Ordnung und Umwandlung.

Sobald ein Schüler sich von diesem Griff befreit hat, wird er unmittelbar mit der astralen Welt, in der er lebt, mit dem Feld seiner siderischen Geburt, also mit dem großen astralen Lebensfeld der Dialektik konfrontiert. Denn es ist nicht nur der Widerstand im eigenen Mikrokosmos zu überwinden und umzusetzen, sondern auch der Widerstand in der großen Welt, in welcher der Mikrokosmos mit der Persönlichkeit lebt.

In diesem siderischen Lebensfeld mit den darin herrschenden Äonen tritt die Kraft der Zweiheit auf, die Einflüsse der Zwillingskräfte der Natur. Infolgedessen wird alles in der sichtbaren Natur in sein Gegenteil verkehrt, und daraus ist das Spiel des fortwährenden Wechsels in der Dialektik in jeder Hinsicht zu erklären.

Es ist Naturgesetz im Feld der siderischen Geburt: wer mit Freude und Enthusiasmus beginnt, wird in einem gegebenen Moment von Pessimismus und Trübseligkeit umfangen und überwältigt. Nicht ohne Grund ist das so, im Gegenteil, ganze Reihen von Symptomen im großen Spiel des Wechsels geben dazu vollauf Veranlassung. So wechseln Glaube und Unglaube, Gewißheit und Zweifel, Licht und Dunkel sich fortwährend ab.

Der Mensch, der den Dämon seiner magnetischen Spannungen in der Ersten Stunde nicht überwunden hat, kann auch in der Zweiten Stunde des Nykthemeron nicht bestehen. Er wird völlig von den Kräften des siderischen Feldes geknechtet und neutralisiert. Nur wer ein neues Selbst und Seelengeburt erlangt hat, wer, auf dem Teppich stehend, den magnetischen Sturm im eigenen Wesen zur Ruhe gebracht hat, kann das Feld der siderischen Geburt bezwingen. Er kann es, indem er die Methode findet, mit der die Gegensätze in der Natur auszugleichen sind, um auf diese Weise für sich selbst einen harmonischen Durchgang herzustellen, sich selbst einen Durchgang zu bahnen mitten durch das »Rote Meer« der siderischen Geburt.

Sie werden wohl schon vom Ausgleich der Gegensätze gehört und in Ihrer Jugend vielleicht einiges darüber gelernt haben, und möglicherweise sind Sie mit erstklassigen Zensuren in Mathematik nach Hause gegangen. Aber so einen mathematischen Weg im eigenen Leben zu schaffen und zu gehen, ist doch noch etwas ganz anderes und stellt Sie vor große und schwierige Probleme. Möge das Nykthemeron Sie nun lehren, auf welche Weise Sie in der Zweiten Stunde Ihres Schülertums diese Probleme lösen können, vorausgesetzt, daß Sie die Erste Stunde zufriedenstellend durchschritten haben.

In der Zweiheit singen die Fische des Tierkreises Gottes Lob,
das ist die erste Formel, die Sie aufzulösen haben. Sie kennen natürlich das Symbol des Tierkreiszeichens *Pisces*. Es
sind zwei Fische nebeneinander, die durch ein Kreuz verbunden sind. Der eine Fisch ist das Symbol des göttlichen
Menschen, der andere das Symbol des naturgebundenen
Menschen. Durch einen Kreuzgang müssen diese beiden
eins werden. Wir verstehen es als das enduristische Aufgehen des naturgeborenen Menschen im göttlichen Seelenmenschen. Werden diese beiden eins, dann sind die Gegensätze ausgeglichen.

So besitzen Sie nun den Schlüssel zum Durchzug durch
das Feld Ihrer siderischen Geburt. Im siderischen Feld der
Naturgeburt brennt ein Feuer, das stark lodernde Feuer der
Begierde, das Sie in drei Zuständen kennen: In seiner Anziehung, in seiner Abstoßung und in seiner Unbestimmt-
heit. Der Mensch ist darauf abgestimmt, er ist völlig eins
damit.

Sie verstehen, daß gerade durch die starke und bis auf die
Spitze getriebene Individualisierung des dialektischen Menschen das siderische Feuer zur lodernden Hölle wird, denn
das Begierdenleben aller Menschen ist gleich, da es zu dieser Natur des Todes gehört, aber es ist nicht auf dasselbe
Ziel gerichtet. Das Feuer, das der eine Mensch durch seine
Anziehung entfacht und somit lebendig macht, kann vom
anderen Menschen abgestoßen werden. Er kann es auch löschen, oder er steht ihm unbeteiligt gegenüber. Die Menschen bereiten sich gegenseitig die Hölle, wenn sie ungleich,
also verschieden abgestimmt sind. Sie brennen sich gegenseitig mit Feuer, obwohl sie es nicht wollen. So fachen sie

den allgemeinen Feuerbrand an, und so werden die rasende Fahrt im Spiel der Gegensätze, die ununterbrochenen Veränderungen logisch und erklärlich. Der gewöhnlichen Natur nach werfen alle Menschen sich gegenseitig in die Hölle des siderischen Feuers und halten sich gegenseitig gefangen. Begierde ruft Zwietracht auf.

Nehmen wir nun an, daß Sie dieses einsehen und das Feuer, an dem jeder Mensch mitschuldig ist, neutralisieren wollen, daß Sie den Ausgleich der Gegensätze erreichen und sich so einen Durchgang bahnen wollen. Was haben Sie dann zu tun?

Beachten Sie jetzt gut die Symbolik des Tierkreiszeichens Fische. Warum und womit werden der niedere Mensch und der göttliche Mensch verbunden, und wodurch wird die Zweiheit zur Einheit? Durch das Kreuz, das bedeutet, durch die göttliche Liebe, die alles zu heilen vermag und die alles gewinnt. Das ist die wahre Seelen-Geistkraft, die Lebensharmonie, die allein durch den Kreuzgang der Liebe möglich wird.

Können Sie jetzt verstehen, was hier gemeint ist? Nehmen wir an, daß Sie einen Feind haben. Jeder Mensch hat Feinde, bekannte oder unbekannte, gewollt oder ungewollt. Wie entsteht Feindschaft? Sie entsteht, sie muß entstehen aus der Ungleichheit der Gegensätze. Sie stoßen ab, Sie wollen also löschen. Ein anderer zieht jedoch das Gleiche an, er will den Brand auflodern lassen. Unmittelbar entsteht ein großer Konflikt, Gegensätzlichkeit der Interessen im Feld der Gegensätze. Unmittelbar ist Krieg! Sie machen mit, weil Sie in der Natur des Todes leben, weil Sie im Feld der siderischen Geburt begehren. So halten die Menschen einander fest in dem höllischen Tanz, in der eigenen Verdammnis. Ein Naturgesetz erfüllt sich, einmal sind Sie im Ofen und brennen, und dann wieder stehen Sie außerhalb des Ofens, um andere zu rösten. Apollonius von Tyana versucht, Sie die Dummheit und Beschränktheit dessen einsehen zu lassen.

Wie geschieht es, daß die Zweiheit der Fische Gottes Lob singt? Durch den Kreuzgang der Liebe! Wie müssen Sie das verstehen?

Ihre Basis sei die Erste Stunde des Nykthemeron. Nehmen wir an, daß Sie in der Ruhe und der Einheit der Ersten Stunde stehen. Dann wissen Sie, daß jede Begierde von der Art und der Qualität des Feldes der siderischen Geburt einen Gegensatz aufruft und so Feindschaft und Höllenbrand verursacht. Es ist daher auch naheliegend, daß Sie diese Begierden nicht mehr hegen, sie in stets wachsendem Umfang nicht mehr entfachen und sie so neutralisieren. Sie gehen dann in der höheren Ausrichtung auf das befreiende Leben der Seele auf. Wer das tut, geht unversehrt durch alle Tiefen der Hölle. Er findet die Harmonie im Ausgleich der Gegensätze.

Wenn Sie in Beziehung zu allem, was zum Feld der siderischen Geburt gehört, begierdelos geworden sind, kommt jede siderische Kraft, die Sie Ihres biologischen Zustandes wegen in einem bestimmten Moment auf Ihrem Lebensweg benötigen, auf Sie zu, ohne daß Sie eine Gegensätzlichkeit aufrufen! Ein anderes Naturgesetz, das da sagt: »Suchet zuerst das Königreich Gottes, und alles andere wird euch zufallen«, sorgt dafür.

Wenn Sie in der Begierdenlosigkeit und in dem Kreuzgang der Liebe stehen, kommt ein Feind auf Sie zu, das heißt, ein Feind der Natur, denn auf Grund der Natur ist jeder Dialektiker Ihr Feind und will Sie mit seiner Begierde brennen, was er kraft seines Wesens tun muß. Bei Ihrem Weg durch das Feld der siderischen Geburt werden Sie fast jeden Tag mit den Flammenspitzen des großen Feuers konfrontiert. Sie verstehen, daß jeder Mensch solches tut, seinem Seinszustand entsprechend tun muß. Sie durchschauen es vollkommen. Durch Ihre Begierdelosigkeit können Sie jedoch nicht mehr in das Feuer hineingezogen werden, und Sie fachen es auch nicht für andere an. Es steht vor Ihnen, es versucht, Sie durch Angst oder Ähnliches zur Aktivität zu verleiten. Die einzige Aktivität aber, die jetzt von Ihnen ausgeht, ist die große Liebe des Kreuzganges der Rosen, das Lebensprinzip der Seelenwelt. Es ist das große, mitleidende Verständnis für die Situation des anderen. Für Sie gibt es keine Gegensätze mehr, für Sie gibt es allein den Kreuzweg – den Weg durch die Wüste – durch das siderische Feld, da Sie ja auf die Welt des Seelenzustandes ausgerichtet sind.

So gehen Sie weiter, Sie lieben Ihre Feinde, und alle Gegensätzlichkeiten weichen. Sie haben die große Harmonie gefunden. Neben Ihrem siderischen Zustand ist der Gottessohn, die lebende Seele, Sie sind aufgegangen in den Gesängen der Zweiten Stunde: *In der Zweiheit singen die Fische des Tierkreises Gottes Lob.*

So bleibt noch zu ergründen übrig: *Die Feuerschlangen winden sich um den Schlangenstab, und der Blitz wird harmonisch.*

Aus dem Besprochenen erkennen Sie, daß der Kandidat

die Herrschaft über sich selbst erlangt, wenn er in eindeutiger Ausrichtung auf dem Teppich steht. Durch diese Einheit mit dem Selbst verlieren die Teufel im Selbst ihre Bosheit und ihren Zorn. Das heißt, wenn der Kandidat – in der Selbstaufopferung des dialektischen Ich – den wahrhaft johanneischen Weg durch die Wüste geht, entsteht eine Gleichschaltung aller magnetischen Ströme, die im dialektischen Wesen auftreten. Die magnetischen Spannungen und ihre Folgen, die im dialektischen Leben so selbstverständlich sind, verschwinden, und zum Teil wird diese ganze magnetische Spannkraft, die im aurischen Wesen aufgehäuft liegt, in Harmonie umgewandelt und so in den Dienst des Kandidaten gestellt. Zum anderen Teil wird sie geordnet oder aus dem System entfernt, so daß zum Schluß nichts als Einheit übrigbleibt. Bitterkeit und Zorn sind völlig verschwunden.

Nach dieser Ordnung und Vorbereitung tritt der Kandidat in die Zweite Stunde ein, in welcher er unmittelbar und bewußt mit der astralen Welt der gewöhnlichen Natur konfrontiert wird, einem Feld also, in dem er kraft seiner dialektischen Natur lebt und atmet. In diesem Feld muß er lernen, die typischen Eigenschaften der dialektischen Natur zu überwinden, die Zwillingskräfte der Natur, die Gegensatzpaare.

Der Kandidat löst jetzt die großen Probleme, die damit verbunden sind, indem er einen Kreuzweg geht. Er ist dabei vollkommen auf die symbolische Bedeutung des Tierkreiszeichens Fische gerichtet. In dieser Symbolik ist der Naturmensch, der vollständig an das siderische Feuer der dialektischen Natur gekettet ist und darin brennt, mit dem göttlichen Menschen verbunden, mit dem Geist, der allen irdischen Bedrängnissen enthoben ist. Die Verbindung zwischen diesen beiden wird durch das Kreuz der göttlichen Liebe, das ist die Radiation der Gottheit, erreicht. Das bedeutet, daß der Kandidat unverletzt durch das siderische Feuer gehen kann durch wahrhaft unpersönliche, allumfassende Liebe. Diese Liebe wird lebendig auf der Basis der Begierdelosigkeit der Natur nach.

Siderisches Feuer ist Begierde, erweckt Begierde, und jede Begierde bringt einen Gegensatz hervor. Verbinden Sie sich damit, dann erleben Sie die Höllenfahrt der gewöhnlichen Natur. Es gibt nur *ein* Verlangen, *eine* Willensausrichtung, in welcher der Kandidat aufgehen kann, denn der naturgeborene Mensch kann nicht ohne Begehren sein. Es ist das Verlangen nach dem anderen Reich, dem neuen astralen Feld, das tiefe Verlangen nach dem göttlichen Menschen, mit dem er in der Pisces-Harmonie verbunden ist, das unablässige Lobpreisen der Gnosis.

Brachte die Ausrichtung der Ersten Stunde Ordnung in das magnetische System, so bringt die Ausrichtung der Zweiten Stunde in tiefem Verlangen Selbstentledigung durch Selbstopfer für die göttliche Seele, durch die Vollendung des johanneischen Pfades, der sich im »Er muß wachsen, und ich muß untergehen« vollzieht. Infolge dieses Geschehens winden sich die Feuerschlangen um den Schlangenstab, und der Blitz wird harmonisch.

In der Universellen Lehre werden die Radiationen des siderischen Feuers als feurige Schlangen angedeutet, als Bewegungen, die dem Blitz gleichen. Der Schlangenstab ist die Wirbelsäule, in der das Schlangenfeuer zirkuliert, das siderische Feuer, das einen Menschen beseelt und ihn durch das

Leben jagt. Im Schlangenstab und um ihn herum spielen sich fortwährend Feuerprozesse ab. Das mannigfache siderische Feuer der Gegensatzpaare schießt seine Flammen unausgesetzt in das Schlangenfeuer des Menschen. Über das Schlangenfeuer und das damit korrespondierende Nervensystem werden alle diese Einflüsse in das gesamte System weitergeleitet. Der aufmerksame Beobachter sieht, wie ein vielfarbiges Flammenspiel siderischer Radiationen den ganzen Schlangenstab unaufhörlich umgibt, manchmal grell und blendend weiß, manchmal dunkelrot und von träger Vibration. Und der Mensch krümmt sich in diesem Höllenpfuhl des Feuers. Er muß reagieren.

Wer jedoch in eindeutiger Ausrichtung seinen Weg geht und in seinen magnetischen Zustand Ordnung gebracht hat, schreitet ruhig und unangreifbar durch den Höllenpfuhl des dialektischen Lebens, weil er in Selbstaufopferung auf das hohe Ziel der Kinder Gottes gerichtet ist, auf das Erwachen der Seele, auf die Wiedergeburt der Seele durch den Kreuzgang der Rosen.

Im gleichen Moment vollzieht sich ein großes Wunder. Aus dem Wesen und aus dem Leben verschwindet das Krampfhafte. Eine große innere Ruhe entwickelt sich, die aus der intensiven Veränderung, die in den siderischen Feuerprozessen in dem und um den Schlangenstab vorgeht, zu erklären ist.

Die Feuerschlangen winden sich um den Schlangenstab, und der Blitz wird harmonisch. Die siderischen Kräfte der Gnosis, der Domäne der Seele, der Seelenwelt, des sechsten kosmischen Gebietes beherrschen nun den Schlangenstab. Dadurch entsteht ein klares, leuchtendes, gleichmäßiges,

stilles Brennen, eine stille Flamme, die nicht mehr erlö-
schen kann und das ganze Wesen harmonisch speist.

In dieser innerlichen Harmonie tritt der Kandidat in die
Dritte Stunde ein.

Die Schlangen am Schlangenstab des Hermes umschlingen sich dreimal. Zerberus öffnet seinen dreifachen Rachen, und das Feuer singt Gottes Lob mit den drei Zungen des Blitzes.

Dritte Stunde

Wenn das stille Brennen der Begierdelosigkeit der Natur nach zur Tatsache geworden ist und der Kandidat sich bei seinem Weiterschreiten auf dem Kreuzweg der Rosen völlig verliert, muß er zu einem Ritter des heiligen Grals werden, das heißt, zu einem Krieger im Dienst des universellen Lichtes. Dazu muß er zuerst eine Waffe, ein Schwert besitzen. Dieses Schwert erwirbt er durch die rechte innere Zubereitung des Schlangenstabes, der Geistfeuersäule seiner Wesenheit. Diese Geistfeuersäule, dieser Schlangenstab, besteht aus drei Kanälen. Wenn wir die beiden Aspekte des Sympathikus in den Prozeß einbeziehen, erkennen wir, daß das Feuer in dem einen Strang des Sympathikus herabschießt und in dem anderen wieder emporsteigt. Auf diese Weise wird der Schlangenstab durch das neue Feuer beschirmt und empfängt die Gelegenheit, sich in dieser Umschlingung vollkommen auf den weiteren großen Transfigurations-Prozeß vorzubereiten, das ganze Wesen darauf abzustimmen und sich so gegen Zerberus zu wappnen.

Zerberus wird in der Mythologie als dreiköpfiger Höllenhund beschrieben. Andere sagen, daß er fünfzig Köpfe besitzt, einen Schwanz hat wie ein Drache, eine Mähne aus hundert Schlangen und dazu giftigen Atem und Speichel. Bei seinem Gebell erzittert die Hölle. Er wird als Türwächter bezeichnet, der Wächter am anderen Ufer des Styx. Aus den vielen Legenden, die im Lauf der Zeiten um Zerberus gesponnen wurden, wählen wir jene aus, in der erzählt wird, daß die Lebenden, die sich ans andere Ufer des Styx begeben wollen, den Merkurstab besitzen müssen. Hier wird auf den Schlangenstab des Hermes hingewiesen. Der Kandidat muß beweisen, ob seine Waffe, sein Schwert als Ritter des heiligen Grals genügend stark geworden ist.

Ein Kandidat der Mysterien geht den Pfad mit dem ausschließlichen Ziel, Anteil an der Welt der Seele zu erlangen, am neuen Lebensfeld, befreit zu sein von den Fesseln der Natur des Todes. Darum will er den Styx überqueren. Aber die Dialektik läßt keinen Menschen so einfach gehen. Denn was in Millionen Jahren in der Natur des Todes aufgebaut und instandgehalten wurde, ist nicht einfach plötzlich verschwunden.

Zerberus ist das Symbol für das Sündenwesen, das wie eine Schlange im aurischen Wesen verborgen liegt und sich infolge der Gesetze der magnetischen Prozesse noch einmal dem Schüler aufdrängt, bevor es verschwindet und den Durchgang freigibt. Man darf bei dem Begriff »Sündenwesen« nicht an ein Phantom denken, an das Resultat der fürchterlichsten Taten und Verbrechen Ihrer Vorgänger in Ihrem Mikrokosmos, sondern an die Summe alles dessen, was Ihre Vorgänger und Sie selbst in der Natur des Todes festhielt und festhält. Denken Sie einmal an die Lebensangst, an die Furcht, die mit allen Menschen in diesem Kampf ums Dasein wesenseins ist. Das ist ein Aspekt des Zerberus. Sie müssen vollkommen verstehen, wie Ihr Zerberus aussieht, damit Sie zu jeder Stunde wissen, ob Sie bei Ihrem Fortschreiten auf dem Pfad schon genügend stark geworden sind, um diese Schlange der Vergangenheit zu passieren.

Zerberus ist jedoch zu einem großen Teil nur Täuschung. Er ist nur der Spiegel der Vergangenheit. Und sollte nun die Zeit angebrochen sein, daß alles, was dieser Zauberspiegel – sei es in Ihrem Gehirn, sei es in Ihrem Herzen – zeigt, Ihnen nichts mehr anhaben kann, dann können Sie dieses Wahnbild mit den drei Zungen des Blitzes Ihres erneuerten Schlangenfeuers zu Nebel auflösen.

Zerberus öffnet seinen dreifachen Rachen, so heißt es. Zerberus ist das Symbol für das Sündenwesen im Menschen, das einer Schlange gleich im aurischen Wesen verborgen liegt, das sich unablässig in den Schlangenstab des lebenden Menschen projiziert und sich, nach den Gesetzen der magnetischen Strahlen, dem Kandidaten aufdrängt. Wenn der Kandidat der gnostischen Mysterien jedoch den eigenen Schlangenstab auf dreifache Weise erneuert hat (der Schlangenstab hat drei Ansichten), dann muß sich beweisen, ob er stark genug ist, um den Schatten der Vergangenheit und ihrem Zugriff entgehen zu können und sie so zu neutralisieren und zu vernichten. Zerberus ist also lediglich der fundamentale Zustand des dialektischen Menschen, die Summe der Vergangenheit in der Gegenwart. Wenn Ihre »lebendige Gegenwart« die Gnosis bedeutet, dann ist es klar, daß sie dafür elektro-magnetisch Zeugnis ablegt. Dann ist es selbstverständlich, daß Sie in einem bestimmten Moment mit der Kernkraft der Vergangenheit in Konflikt geraten. Dann muß sich erweisen, wer der Stärkere ist.

Zerberus, die Kernkraft der Vergangenheit, die selbstverständlich Ihren naturgeborenen Zustand völlig beherrscht und kontrolliert, ist also logischerweise mit Recht »der Torwächter« am anderen Ufer des Styx. Jeder Pilger auf dem Weg zum Land der Lebenden muß an diesem Torwächter vorbei. Ihn passieren bedeutet, ihn vernichten durch das vollständige Auslöschen der gesamten Vergangenheit und das Einsetzen eines neuen Beginns im ganzen Mikrokosmos. Das ist der Beginn des lebendigen Heute!

Es ist gut, daß Sie alle Realitäten, die hiermit zusammenhängen, von aller Romantik und allen Greuelgeschichten vom Wächter an der Schwelle und dergleichen lösen, denn wir sagten bereits früher, jede magnetische Strahlung besitzt eine Struktur und wird im Atemfeld zu einem Bild, zu einer Gestalt, die mehr oder weniger schreckenerregend ist. Wenn im Atemfeld eines Schülers ein solches Bild auftaucht und der Schüler den wahrhaft neuen Schlangenstab besitzt, wird durch die Strahlung des Schlangenstabes der erwähnte magnetische Einfluß unmittelbar in eine andere Vibration umgesetzt, und infolgedessen – so sagt das Nykthemeron – verschwinden alle Teufel (alle grotesken Formen im Atemfeld), Gottes Lob singend.

Es bleibt dann die noch vorhandene Kernkraft im aurischen Wesen übrig, von welcher alle magnetischen Einflüsse ausgingen und ausgehen. Dann muß auch diese Kernkraft, dieser Zerberus, beseitigt werden, denn der Zerberus ist der Schlüssel für die äußerste Grenze des siebenten kosmischen Gebietes. Will daher ein Kandidat vom siebenten zum sechsten kosmischen Feld gehen, dann wird er mit Zerberus konfrontiert. Dieser öffnet seinen dreifachen Rachen, um den sich nähernden Pilger zu verschlingen und ihn zurückzuweisen in das Gebiet, zu dem er seiner Naturgeburt nach gehört.

Wenn wir über Ihren und unseren Zerberus sprechen, über sein Auftreten als unser Widersacher, dann haben Sie an einen Weg zu denken, den wir alle gehen müssen, an einen Widerstand, den wir alle zu brechen haben. Wenn wir uns dazu nun mit »dem Schwert des erneuerten Schlangenstabes« gewappnet haben, müssen wir wissen, wie das Schlachtfeld, der Ort der Begegnung, aussieht und mit welchen Mitteln Zerberus gewöhnlich gegen alle auftritt, die ihn zu passieren wünschen.

Wir sind davon überzeugt, daß dieser mikrokosmische Torwächter für Sie in einem total anderen Licht erscheint, wenn wir uns auf seine Kampfmittel besinnen. Vielleicht huldigen Sie der Ansicht, daß Sie, um ihn passieren zu können, einerseits über ein hohes Maß an Streitbarkeit in dialektischem Sinn verfügen müssen und andererseits über ein hohes Maß an Reinheit. Sie werden jedoch verstehen, daß mehr dazu nötig ist, um Erfolg zu haben, und daß Sie sich auf viel näherliegende Selbstkorrekturen zu besinnen haben.

In erster Linie möchten wir daher nochmals auf das Gespenst der Angst hinweisen, das Sie kraft Ihrer Naturgeburt gefangenhält. Die Angst gehört zur dialektischen Natur. Sie haben Angst um Ihre Gesundheit, Ihre wirtschaftliche und gesellschaftliche Position, um Ihren Besitz, Ihren Mann, Ihre Frau, Ihr Kind. Sie haben Angst vor diversen Ereignissen, die möglicherweise in Ihrem Leben eintreten könnten. Aus Angst tun Sie Dinge, die Sie unterlassen sollten und unterlassen Sie vieles, was Sie tun sollten. Angst, Sorge und Furcht rufen absolut eine Spaltung, eine Teilung in Ihnen hervor, das heißt, wenn Sie den Pfad gehen, wenn Sie das gnostische Gewand weben wollen.

Zerberus ist für den Kandidaten das große Hindernis auf dem Weg, die Ursache, die ihn immer wieder nach einem Kompromiß mit der Welt suchen läßt. Wenn keine Angst vor den Behinderungen in der Welt da ist, keimt die Angst, daß das goldene Hochzeitskleid nie angelegt werden kann. Zerberus ruft immer auf irgendeine Weise die Angst im Kandidaten wach. Aus Angst, die Gnosis zu verlieren, kann der Kandidat zu einem Fanatiker werden, zum typischen Beispiel für einen Menschen, der aus dieser zweipoligen Angst etwas durchsetzt, Angst vor dem Mitmachen und vor dem Nichtmitmachen. Der Wahnsinn des Fanatismus fährt einem solchen Menschen in das Schlangenfeuer.

Es ist daher unglaublich viel Ausdauer und Standhaftigkeit nötig, um diese Angst auszurotten. Man muß deshalb auf die rechte Weise die Zweite Stunde durchschreiten, das bedeutet, das Kreuz der Liebe so zu tragen, daß diese Liebe Sie befähigt, jedes Handeln oder Nicht-Handeln in ihrer Kraft auf die rechte Weise zu verrichten, und aus der innerlichen Ruhe, die sie schenkt, allem entgegenzutreten. Solange diese Liebe in Ihnen noch nicht vollkommen ist, hält Zerberus den Durchgang für Sie verschlossen, allein schon durch die noch vorhandene Furcht.

Von Angst, Sorge und Furcht frei zu werden ist auch die Aufgabe, die dem Kandidaten von der Bergpredigt gestellt wird. Das heißt nicht, alle Ängste, Sorgen und Befürchtungen in dieser dialektischen Welt zu neutralisieren und zu überwinden. Man kann sie nicht überwinden, weil sie mit der Dialektik im Kern eins sind. Sie treten naturgesetzmäßig in Ihr Leben. Nein, Sie müssen über sie hinaussteigen in der Kraft und im Licht des anderen Reiches.

Die Oberflächlichkeit vieler Sagen, Legenden und Mythen besteht darin, daß der Ritter den Drachen durch kultivierte Tapferkeit besiegt. Aber von Tapferkeit ist keine Rede! Wer das Licht des anderen Reiches in sich verankert, steigt über alle Furcht hinaus. Die Furcht ist aus seinem Leben verschwunden; vom Passieren des Torwächters durch gewaltige Kämpfe und Beweise großer Tapferkeit und viel Mut ist keine Rede.

Ein weiterer Aspekt des Zerberus in Ihnen ist das Dogma. Ein Dogma ist ein Lehrsatz. Es gibt zahllose Lehrsätze. Die Gnosis kann dogmatisch angedeutet, umschrieben und definiert werden. Solche Lehrsätze sind notwendig, um einen Ausgangspunkt für einen bestimmten Weg zu haben. Alle Großen des Geistes haben daher der Welt auch, neben allem anderen, Lehrsätze geschenkt. Sie hatten alle einen dogmatischen Aspekt. Sie schenkten uns ein begründetes Programm. Auch das Rosenkreuz hat, das konnte nicht ausbleiben, eine Lehre übertragen und mit Hilfe der Literatur umfassend beleuchtet. Der Kandidat, der diese Lehre nun im Haupt und im Herzen trägt und sie auch im Blut verankerte, hat sich vollkommen in das Gewand der Dogmatik gehüllt. Diese Dogmatik füllt sein ganzes Leben aus.

Nun kann es aber sein, daß Zerberus den Kandidaten in dieser Situation, auf dieser Basis, außergewöhnlich fest in seiner Gewalt hat. Der Kandidat hält sich für einen »Gnostiker« par excellence, denn die Mitmenschen achten diesen

Menschen sehr. Wie einfach und klar kann er die Lehre vorbringen, wie richtig formuliert, wie gut durchdacht, wie rein philosophisch beleuchtet er alles.

Doch hier lauert die große Gefahr. Ein Lehrsatz ist ein Programm, und ein Programm ist da, um ausgeführt zu werden. Und der Ausführende ist unendlich viel mehr als der Kenner des Programms. Jemand kann ein schlechter Kenner des Programms sein, aber ein guter Ausführender. Darum besteht die Gefahr, daß der Kandidat sich in einen Lehrsatz verrennt. Die Welt gleichsam in Lehrsätzen ersticken zu lassen, ist eine Taktik, eine Methode des Zerberus.

Das war auch immer der Fall in der Theologie der Kirche, die größtenteils nichts anderes ist als ein dogmatisches Institut. Die ursprüngliche Gnosis kam zu den Menschen in einem der Aspekte ihrer Lehre, vollkommen rein in der Doktrin. Es gab Menschen, die sich mit dieser Doktrin labten, sie eintranken wie Narde. Darauf gingen sie aus, um diese Lehrsätze zu predigen, und einige schrieben Bücher, um die Botschaft weiterzutragen und denen zu bringen, die sie nicht persönlich erreichen konnten. Die folgende Generation fußte weiter auf diesen Büchern. Es entstanden Universitäten, große Schulen, um diese Lehrsätze zu lehren. Und die Dogmatiker kamen zusammen, um diese Lehrsätze zu revidieren, zu korrigieren, sie der Welt und der Kultur und den bestehenden dialektischen Ansichten und Erfordernissen anzupassen. Die Angst bog die Lehre um. Die Lehrsätze wurden wirr, kompliziert und widersprüchlich. Sie fielen auseinander. Eine Gruppe sagte: »Dieses ist das Richtige.« Eine andere Gruppe suchte ihr Heil bei einem anderen Bruchstück. So entstanden die Universitäten der Spaltung. All diese Dogmatik der Jahrhunderte hat der Mensch im Blut und im Schlangenfeuer. Zerberus hat die Menschheit fest in seiner Gewalt, der dogmatischen Instinkte der Vergangenheit wegen. Gibt es nicht viele unter den Kandidaten auf dem Pfad der Erlösung, die verzweifelt mit sich selbst kämpfen mußten, weil der überlieferte dogmatische Instinkt nicht mit dem Programm und der Philosophie der Gnosis übereinstimmte?

Wie können Sie vom Griff des Dogmas frei werden? Dadurch, daß Sie das Dogma, das Sie erwählt haben, als ein Programm in Ihr Leben stellen und es mit Ihrem ganzen Wesen ausführen. Dann wissen Sie schon sehr bald, ob das Dogma tot oder lebendig ist; und ob es Sie zu dem Ziel führt, welches es angibt.

Wenn Sie ohne weiteres am Dogma hängenbleiben und von Zeit zu Zeit ein Dogma gegen das andere austauschen, dann ist Ihr Leben von Abgöttern erfüllt. Sie werden gefesselt in der Kerkerhöhle bleiben. Ihre dogmatischen Erwartungen werden sich als nutzlos erweisen, und Sie werden im Pfuhl der Enttäuschungen untergehen. Zerberus, Ihr Sündenwesen, hat dann zum wiederholten Mal den Sieg errungen.

Lernen Sie diese Lektion, Kandidaten: Sie empfangen die Lehre, um sie zu erfüllen. Erfüllen Sie sie, dann sind Sie vom Dogma frei. Dann sind Sie die Lehre selbst geworden und Ihrem Zerberus entkommen.

In der vierten Stunde kehrt die Seele zum Besuch der Gräber zurück. Es ist der Zeitpunkt, da die magischen Laternen an den vier Ecken der Kreise angezündet werden. Es ist die Stunde der Verzauberungen und der Täuschungen.

Vierte Stunde

Der Kandidat ist dem dreifachen Rachen des Zerberus entkommen. Die Gefahren der Furcht, der Dogmatik und der Abgötterei hat er durch die drei Zungen des Blitzes neutralisiert, mit der dreifachen Kraft des erneuerten Schlangenstabes. Und nun wird er vor die Vierte Stunde des Nykthemeron gestellt:

In der vierten Stunde kehrt die Seele zum Besuch der Gräber zurück. Es ist der Zeitpunkt, da die magischen Laternen an den vier Ecken der Kreise angezündet werden. Es ist die Stunde der Verzauberungen und der Täuschungen.

Wenn Sie unserer Forschungsreise bis zu diesem Punkt gut gefolgt sind, verstehen Sie, daß der Kandidat der universellen Mysterien, wenn er in die vierte magische Stunde eintritt, beweisen muß, ob er in der Tat als autonomer Mensch die Wege der großen magischen Selbstbefreiung beschreiten kann.

Er hat sich darauf vorbereitet. Er erfüllt die elementaren Forderungen. Er hat für diese große Reise alle Pfade frei gemacht. Zerberus, der Torwächter, ist zur Seite getreten. Der Kandidat geht durch die Pforten, er ist jetzt dazu fähig.

Alle befreienden Kräfte sind in ihm konzentriert. Nun muß er beweisen, wie er sie gebrauchen wird.

Versetzen Sie sich einmal selbst in diese Situation. Sie sind für die Reise ausgerüstet. Ihre Garderobe ist in Ordnung. Das Reisegeld steht zu Ihrer Verfügung. Das Ziel der Reise ist Ihnen bekannt. Prinzipiell kann Ihnen nichts mehr in den Weg treten oder widerstehen. Aber Ihre Reise durch die universellen Mysterien verläuft nicht so, daß Sie gleichsam aufgehoben, eingepackt, mitgenommen und am Ziel abgeliefert werden, oder, romantischer ausgedrückt, daß Sie wie auf Engelsflügeln mit Musik und Psalmengesang zum Ziel getragen werden. Nein, ausgerüstet mit allen Möglichkeiten und Kräften müssen Sie selbst Schritt für Schritt die Richtung bestimmen. Für jeden einzelnen Abschnitt Ihres Reiseplans müssen Sie selbst einen Entschluß fassen. Die neuen Vermögen müssen also gebraucht und erprobt werden, und Sie müssen lernen, sie zu gebrauchen und praktisch anzuwenden. Die ganze Reise ist also von Ihrem eigenen Urteil abhängig.

Wenn Sie Verstand haben, müssen Sie ihn gebrauchen. Wenn Sie ein Herz haben, müssen Sie es strahlen lassen. So müssen alle Vermögen des menschheitsbefreienden Seelenzustandes in der Praxis angewandt werden. Daher fangen viele Schwierigkeiten in der Entwicklung des Kandidaten erst an, wenn er Zerberus bereits passiert hat. Diese Schwierigkeiten entstehen aus der Ungeübtheit des Anfangsstadiums, aus der Zartheit des neuen Geburtszustandes. Wir wiederholen es: Die ganze nun beginnende Reise muß sich auf das eigene neue Urteilsvermögen gründen. Kein anderer kann beschließen, was Sie in der Vierten Stunde zu tun oder zu lassen haben, sondern Sie selbst müssen sich Ihr Urteil bilden, den Entschluß fassen und ihn ausführen. In der Vierten Stunde schweigen die Stimmen all Ihrer Brüder und Schwestern.

Der Zeitpunkt ist gekommen, da die magischen Laternen einer autonomen Urteilskraft an den vier Ecken der Kreise angezündet werden, und Sie müssen darauf achten, ob die Seele tatsächlich zurückkehrt, nachdem sie die Gräber besucht hat. Mit dem Grab ist hier die Todesnatur gemeint. Die Todesnatur mit all ihren sogenannten Lebensäußerungen ist in Wirklichkeit ein gigantischer Friedhof. Es gibt in ihr nichts, was nicht der Vergänglichkeit unterworfen ist. Das Leben der Dialektik mit all seinen Aspekten ist eine fürchterliche Grabhöhle.

Die Vierte Stunde muß nun beweisen, ob der Kandidat, der prinzipiell und fundamental für die große Reise ausgerüstet ist, der alles dafür vorbereitet hat, auch tatsächlich im umfassenden Sinn von dem großen Grab der Dialektik Abschied genommen hat.

Dieses Grab ist komplizierter, als der Kandidat zuerst annimmt. Es besitzt nicht nur grobmaterielle Aspekte, sondern auch viele verfeinerte und kultivierte. Wenn Sie das Grobe, das Alltägliche überwunden haben, kommt das Verfeinerte, Verschleierte, das Auserlesene auf Sie zu. Wer in die Vierte Stunde eintritt, erfährt daher *die Stunde der Verzauberungen und der Täuschungen*. Gerade dann hat er *die magischen Laternen an den vier Ecken der Kreise* dringend nötig.

Die hier genannten Kreise könnte man auch als Sphären oder Lebenskreise bezeichnen. Der dialektische Seinszustand umfaßt in seiner Gesamtheit verschiedene Sphären oder Lebenskreise, in denen sich die verschiedenen Seinszustände offenbaren. Unter dem Sammelbegriff »Spiegelsphäre« verstehen wir alle diese verschiedenen Lebenskreise und die darin ablaufenden Prozesse.

Es ist klar, daß der Kandidat, wenn er seine Reise beginnt und somit die gröbste Sphäre des Totenreiches verlassen hat, daraufhin alle anderen Kreise der Todesnatur durchwandern, erkennen und überwindend erleben muß. Dazu muß er in jedem Lebenskreis, den er zu passieren wünscht, die vier magischen Laternen aufstellen, damit in dem vierfachen Licht des magischen Urteils die Verzauberung und Täuschung eines jeden Lebenskreises aufgehoben werden kann.

Apollonius von Tyana zielt hier auf einen Prozeß, der in allen heiligen Schriften und in der universellen Lehre angedeutet wird. Denken Sie beispielsweise an die Reise der Pistis Sophia; sie kann auf ihrer Rückkehr zum dreizehnten Äon keinen einzigen Lebenskreis überschlagen. In jedem Lebenskreis, den sie passiert, versuchen Äonen und Kräfte, sie aufzuhalten oder festzuhalten.

Denken Sie an Dantes Reise in der *Göttlichen Komödie*. Als er seine Reise, seine Höllenfahrt beginnt, befindet er sich in einem dunklen Wald. Sofort muß er an die Fähigkeit des eigenen Seinszustandes appellieren, und erholt er sich von einem Anfall der Furcht:

> *Als ich an eines Hügels Fuß gekommen,*
> *der als ein Abschluß aus dem Boden trat*
> *des Tals, drin die Angst mich mitgenommen,*

schaut ich empor und sah des Berges Grat.
bereits in des Planeten Strahlenkleide,
der recht uns führt auf einen jeden Pfad.

Die Furcht schwand etwas bei der Augenweide.
sie, die gedauert in des Herzens Schoß
zur Nacht, die ich erlebt in solchem Leide.

Und so wie einer, der ganz atemlos
dem Meer entronnen, auf des Ufers Zinnen
zum Wasser umschaut, das an Fährnis groß,

so schaut ich um, die Furcht noch in den Sinnen;
wollt doch ansehen das durchzogene Land,
*das niemals leben ließ ein Wesen drinnen.**

Von Jesus dem Herrn wird gesagt, daß Er gestorben und begraben ist, herniedergefahren in das Totenreich, auferstanden und aufgefahren in sein Vaterland. Das ist der universelle Weg jedes Kandidaten. Darum wird uns in der Vierten Stunde des Nykthemeron diese Höllenfahrt, diese Reise durch alle Kreise der Dialektik deutlich aufgezeigt.

Wir müssen noch einen Augenblick bei den magischen Laternen verweilen, die an den vier Ecken jedes zu passierenden Kreises aufgestellt werden. Diese vier Lichter bilden natürlich ein magisches Viereck, einen Teppich, eine Basis für den Bau, einen absoluten Schlüssel. Sie kennen das allgemeine magische Viereck des Teppichs der Rosenkreuzer:

---

* Nach der Übersetzung von Wilhelm G. Hertz. Deutscher Taschenbuch-Verlag GmbH & Co. KG München, 1978, Seite 7.

Gruppeneinheit – eindeutige Ausrichtung – Streitlosigkeit und Harmonie in allen ihren Lebensäußerungen.

Das magische Viereck des geadelten Selbsturteils, in dem die Kraft liegt, alle Verzauberungen und Täuschungen der Kreise zu durchschreiten, kann man andeuten als

reine Vernunft,

reinen Willen,

reines Gefühl und

reine Handlung.

Das absolute Urteil ist abhängig von der Frage, ob Ihre Vernunft völlig in der Gnosis sichergestellt und entschlossen darauf gerichtet ist. Ihr Wille darf nichts anderes wollen, als was die Gnosis will. Ihr Herz muß allein das lieben, was die Gnosis will. Ihr Handlungsleben darf nichts anderes verwirklichen als das, was mit der Vernunft, dem Willen und dem Herzen übereinstimmt.

Das sind die vier Lichter der Magie, die den Kandidaten in jedem Lebenskreis, bei jedem Durchgang umgeben müssen. Es ist bekannt, daß in der Vernunft, im Willen und im Herzen gewaltige Kräfte verborgen liegen. Wenn der Mensch, von diesen dreien getrieben, zur Tat, zur Verwirklichung übergeht, dann ist er an das Resultat der Handlung gebunden, dann wird er davon aufgehalten, bis er die Handlung und ihre Folgen wieder ausmerzen konnte. Es ist demnach dringend nötig, die vier Lichter der gnostischen Magie in der Praxis anzuwenden. Erkenntnis und Erfahrung fallen nicht vom Himmel, sie müssen erobert werden! Dadurch muß bewiesen werden, ob die Seele in jeder Hinsicht vom Besuch der Gräber zurückgekehrt ist.

Zum Schluß möchten wir noch einmal auf die Verzauberungen und Täuschungen eingehen. Es sind ebenfalls vier an der Zahl, einzuordnen in vier Rubriken als Schlagschatten oder Imitationen der vier magischen Lichter.

Die erste Imitation ist die in den höheren Lebenskreisen der dialektischen Natur oft vorkommende Vermischung von Wahrheit und Lüge, von Wirklichkeit und Schein, wodurch sich Nebenabsichten, ichzentrale Ausrichtungen, das tödliche Begehren jeweils in die schöne Sprache und das Gewand der Wahrheit hüllen können, um erhört und erfüllt zu werden.

Die zweite Imitation ist das Gift der falschen Lehren, das tödliche Schlangengift, wodurch der Mensch, der es trinkt oder der damit injiziert wird, an die Todesnatur gefesselt bleibt.

Die dritte Imitation ist die der Liebe. Die Liebe dieser Welt ist in allen ihren Aspekten, bis zu den verfeinertsten Ansichten, auch im sogenannten Leidenschaftslosen, endlich. Wir meinen damit, daß auch das Gefühlsverhalten in der dialektischen Natur auf das Ich gerichtet ist, auf das Selbst, auf Selbstsucht und Selbstbehauptung, auf Ausbeutung, auf das Verhältnis zwischen Herrn und Sklave, auf Selbsterhebung. Es ist eine Liebe, ein Gefühlszustand, die mit der Liebessphäre der Seele nichts zu tun hat.

Die vierte Imitation ist die Spekulation, das Undurchdachte, das Unvernünftige, das negative spontane Handeln ohne Basis, ohne Verstand, getrieben von Neigungen oder Einflüssen.

Diese vier Imitationen bedrohen jeden Kandidaten auf seiner Seelenreise durch die Kreise der Todesnatur. Wenn er jedoch seine vier magischen Laternen brennend zu erhalten weiß und wirklich zurückgekehrt ist vom Besuch der Gräber, kann ihm nichts schaden.

Die Stimme der großen Wasser besingt den Gott der himmlischen Sphären.

Fünfte Stunde

Wir folgen dem Kandidaten der befreienden Mysterien auf seiner Reise durch die Spiegelsphäre. Als eine Pistis Sophia durchschritt er all ihre Sphären mit Hilfe der vier magischen Laternen, die er brennend zu halten wußte, so daß keine Täuschungen und Verzauberungen der dialektischen Sphären ihn aufhalten oder ihm schaden konnten.

So tritt er dann in die Fünfte Stunde ein, in die fünfte Periode seines Entwicklungsganges. Die Fünfte Stunde ist die Stunde der Überwindung, die Stunde der völligen Befreiung von allen Einflüssen, Kräften und Ansichten der Dialektik, sowohl in der Stoffsphäre als auch in der Spiegelsphäre. Erst jetzt kann von neuer Menschwerdung gesprochen werden, von wahrhaft neuer Geburt, vom fünfzackigen Stern von Bethlehem, vom wahrhaften, tiefen, innerlichen Frieden.

Diese völlig neue Situation liegt für den sich nähernden Kandidaten einer gnostischen Geistesschule nicht in unsagbar weiter Ferne. Diese Situation tritt nicht erst ein, wenn er allem Tod und der dialektischen Körperlichkeit entkommen ist, sondern das Nykthemeron will uns sagen, daß dieser Seinszustand erreicht werden kann, während der Schüler durchaus noch über seine naturgeborene Persönlichkeit verfügt, nachdem sie, vollkommen »johanneisch« geworden, durch Ichlosigkeit den Zustand der Seelengeburt erlangt hat.

Gerade solche Menschen benötigt die Universelle Bruderschaft als wahre Erntearbeiter, Menschen, die vollständig *in* der Welt stehen, während sie doch nicht mehr *von* der Welt sind. Es ist herrlich zu wissen, in den liebevollen Armen der Bruderschaft aufgenommen zu sein und Schritt für Schritt in die Welt des lebenden Seelenzustandes geführt zu werden. Es stimmt glücklich und froh, nach der Seelengeburt das irdische Tränental endgültig verlassen zu können, doch herrlicher ist es, als Dienstknecht ins große Erntefeld ausziehen zu dürfen, in dem Wissen, daß die Ernte sehr groß sein wird.

Wenn in der evangelischen Symbolik gesagt wird, daß der Stern von Bethlehem über der Geburtsgrotte strahlt, dann wird auf einen solchen Diener der Menschheit, auf einen solchen »Sohn des Menschen« hingewiesen. Ein solcher Mensch trägt die Signatur der Fünften Stunde des Nykthemeron. Er ist ein lebendiger Seelenmensch in der Gestalt eines johanneischen Körpers, und er geht in die Todesnatur, um seine Aufgabe zu erfüllen. In den Strömen des universellen Lebens assimiliert er die großen Lebenskräfte, welche die Gott-Menschlichkeit unterstützen und weiterdrängen. Diese Lebensströme besitzen alle nur *eine* Stimme, nämlich die Stimme des großen Gottesplans der Alloffenbarung. Der Seelenmensch vernimmt also *die Stimme der großen Wasser.*

Wer in die Fünfte Stunde, die Stunde der Überwindung eintritt, hört die himmlische Musik des universellen Lebens, den Urton des Alls, welcher von der Bruderschaft der Katharer in ihren Liedern mit den fünf Vokalen *A – E – I – O – U* vertont wurde. Es sind die fünf Vokale der Fünften Stunde, die als *die Stimme der großen Wasser Gottes Lob der himmlischen Sphären singen.* Diese fünf Vokale öffnen die Grenzen des Goldenen Hauptes und laden die Epheser zum Eintritt ein.

In dieser Stunde der Überwindung, in dieser Stunde der Geburt muß der Kandidat sich zuerst tief besinnen auf das, was er hinter sich gelassen hat und auf das, was vor ihm liegt. Eine solche Besinnung ist notwendig, weil die Vergangenheit immer eine bestimmte Signatur im Mikrokosmos hinterlassen wird. Die Vergangenheit auslöschen, das Karma beseitigen, heißt nicht, es total verlieren. Es bedeutet nur, es gesühnt zu haben, es überwunden zu haben. In gewissem Sinn bleibt es jedoch immer im Gedächtnis des Mikrokosmos, Sie können es stets in Ihre Erinnerung zurückrufen. Wenn diese Erinnerung mit den Vorgängern im Mikrokosmos zu tun hat, kann sie eine Neigung oder eine Beeinflussung sein.

Doch daneben öffnet sich nun für den Kandidaten, der in den neuen Gefilden angekommen ist, auf der Basis der neuen Möglichkeiten eine völlig neue Zukunft. In der Besinnung der Fünften Stunde muß der Kandidat sich dazu entschließen, die Vergangenheit, obwohl sie verfügbar ist, obwohl sie unmittelbar wieder belebt werden kann, vollständig abzuschließen. Er kann nur mit den neuen Möglichkeiten in das neue Land einziehen, um es zu erforschen. Einige Beispiele können vielleicht dazu dienen, das Vorhergehende zu erklären, denn auf vielen niedrigeren Lebens-

stufen des Schülers tritt dieselbe Situation als eine Voraus-
schau auf die Fünfte Stunde ein.

Stellen Sie sich vor, der Kandidat tritt als reifer Mensch
mit sehr viel Lebenserfahrung in einem von reger Arbeit
und vielen Pflichten angefüllten Dasein in einem bestimmten Moment in eine gnostische Geistesschule ein, um dort
mit irgendeiner Arbeit betraut zu werden. Dann wird er dazu neigen, beseelt von den besten Absichten, alte erfolgrei-
che und als nützlich erwiesene Gewohnheiten von früher
auch in der Geistesschule anzuwenden. Er wird dann feststellen, daß diese Methode in einer Geisstesschule immer
ein negatives Resultat ergibt.

Wenn der Kandidat dann in der Stunde der Überwindung
eine Rückschau hält, überblickt er die ganze Reihe typisch
menschlicher Schwächen, die sein früheres Leben ausfüll-
ten, die ihren Stempel auf seinen Charakter drückten, die
seine Persönlichkeit formten, die sein Verhältnis zu seinen
Mitmenschen bestimmten und denen auch seine Freuden
und seine Betrübnisse entsprachen.

Ferner entdeckt er, daß er in der Vergangenheit nur ein
Spielball des Schicksals war. Das Schicksal, die Dialektik,
bestimmte seinen Lebenslauf. Und dann sieht er glasklar
und deutlich, warum das Schicksal in dieser Periode sein
Leben in die Hand genommen hat. Weil er nämlich bei Tag
und bei Nacht mit den Methoden, mit den Kräften der
Dialektik arbeitete. Von der Stunde seiner Geburt an bis
zum Zeitpunkt der Lebensreife wird jeder Mensch vorbereitet, abgestimmt auf die Teilnahme am dialektischen Leben, auf die Gewohnheiten und Kräfte einer dialektischen
Lebenspraxis. Es ist klar und unvermeidlich, daß der

Mensch von diesen Kräften erfaßt, beherrscht und gelenkt wird.

Es gibt Lebensgewohnheiten, Lebenspraktiken, die so raffiniert intelligent sind, so erfinderisch, mental und astral so mächtig, und in der gewöhnlichen Natur so erfolgreich, daß man der Versuchung widerstehen muß, sie auch in einem neuen Seinszustand anzuwenden. Der Kandidat muß in seiner Rückschau, in der Fünften Stunde, den Entschluß fassen, im neuen Lebenszustand keine einzige der alten Lebensgewohnheiten und Methoden anzuwenden. So wendet er sich dann von seiner Rückschau dem neuen lebendigen Heute und seiner darin beschlossenen Zukunft zu, und er nimmt in der Stunde der Überwindung seine neuen Waffen zur Hand und gebraucht seine neuen Möglichkeiten.

Er steht in den Lebensströmen der großen universellen Wasser, das heißt, ein neues magisches Feuer berührt ihn, durchfährt ihn und wohnt in ihm. *Die Stimme der großen Wasser* singt in ihm mit der fünf Urklängen. Diese fünf Klänge fließen zusammen; und er zieht daraus die Quintessenz, das ist in der Musik der fünfte Ton des Grundtons; und in der Magie das Feinste, das Edelste, das Stärkste dieser großen Kraft, welche die seine geworden ist. So tritt er hervor als Dienstknecht im großen Vaterland der Gottesbemühung, um die Aufgaben zu erfüllen, die im Erntefeld vor ihm liegen. Mit dieser Kernkraft kann er überall, sogar in die tiefsten Tiefen der Hölle Harmonie, Ruhe und Frieden bringen, den Frieden von Bethlehem.

Wer diese Kraft anwenden kann und darf, braucht keinen Streit mehr zu führen, denn aller Streit entsteht aus der

Feindschaft zwischen den Zwillingskräften der dialektischen Natur. Wer nicht mehr aus diesen Kräften lebt, überwindet allen Streit und ist für alle, die noch in der
Finsternis leben, ein Friedebringer auf Erden. Ein solcher
Mensch bringt das Vakuum des neuen Seelenzustandes in
die Natur des Todes, damit in diesem Vakuum die Geschla-
genen und Verletzten geheiligt, geheilt werden können. In
den Mysterien wird dieses die »Vermählung der Gegensätze« genannt. Gut und Böse, Licht und Dunkel, Freude
und Trauer, Liebe und Haß, diese Gegensätze werden von
der Seele, wenn sie sie erfährt, in Harmonie ertragen.

So überwindet die Seele, aber nur die Seele, die Dialektik.

Der Geist bleibt unbewegt, er sieht die höllischen Ungeheuer gegen sich anrücken, und er ist ohne Furcht.

Sechste Stunde

Wir konnten also feststellen, daß die Fünfte Stunde die Stunde der Überwindung ist, in welcher der Kandidat der gnostischen Mysterien zunächst eine Rückschau hält und dann den Entschluß faßt, unter keiner einzigen Bedingung mehr mit den Methoden und den Kräften des alten Lebens zu arbeiten. Würde er das tun, dann könnten diese Kräfte ihn erneut und gleichsam automatisch regieren.

Ferner richtet sich sein Blick auf die Zukunft, in der er, ausgestattet mit völlig neuen Kräften, nämlich den Kräften der großen Wasser oder den Kräften des Siebengeistes, seine Aufgabe als Diener Gottes und der Menschen auf sich nehmen wird. Nachdem er seinen Sieg gefeiert hat, steht er zum ersten Mal in seinem Entwicklungsgang als vollkommen freier Mensch in der Todesnatur. Jetzt erst ist das Wort: »Wohl *in* der Welt, aber nicht mehr *von* der Welt« in ihm vollkommen wahr geworden.

Es gab viele Mystiker, welche die Auflösung dieses Wortes in buchstäblicher und leibhaftiger Weltflucht suchten. Sie verbargen sich hinter meterdicken Klostermauern, an fast unzugänglichen Plätzen in Urwäldern oder Gebirgen, und wenn dieses noch nicht genügte, suchten sie innerhalb der Mauern des Klosters auch noch die Einsamkeit der Zelle.

Hier wird jedoch nicht von Mauern und Zellen in abgeschlossenen Orten gesprochen, sondern vom »in der Welt stehen« im buchstäblichen Sinn des Wortes. Inmitten dieser Welt wird der Kandidat ein vollwertiges und dynamisches Stück Welt- und Menschheitsdienst demonstrieren, er wird vollständig in das Leben der Todesnatur eintauchen, um auf diese Weise mit allen engen Kontakt aufzunehmen, die darin gefangen sind. So ist er vollkommen *in* der Welt und dennoch nicht *von* der Welt. Das ist das Geheimnis der hermetischen Kunst.

»Nicht von der Welt sein« ist keine Weltflucht, keine Welt- und Lebensfeindlichkeit, sondern es bedeutet, in der Welt stehend, dieser Welt zu dienen, mitten durch die gnostischen Mysterien hin diese Welt durch Seelengeburt und neuen Bewußtseinszustand innerlich zu überwinden und so, durch den neuen Seinszustand, den Geist bei dialektischen Angriffen und unter dialektischer Gewaltherrschaft unbewegt zu erhalten.

Ein solcher Mensch ist ohne Furcht. Er ist zum Menschheitsdienst in gnostischem Sinn geadelt. Er kann sich ruhig in der Welt bewegen, denn Gefahren sind wohl zu erwarten, aber, der neuen innerlichen Kraft wegen, nicht zu fürchten. Zu dieser hohen oder tiefen Freiheit hindurchzudringen, muß das höchste Verlangen und das Ziel eines jeden Schülers der Geistesschule sein. Jede dialektische Form der Freiheit ist ein großer Irrtum, Selbstbetrug und bedeutet immer in irgendeiner Art Gefangenschaft.

Wir wollen nun dem Weg eines solchen Dieners der Menschen in die wahre Freiheit im dialektischen Gebiet folgen. Dieser Diener erfüllt seine Aufgabe im Auftrag des universellen Lichtes. Er wird daher zuerst König-Priester genannt. Sein Priestertum wird Ihnen klar sein, denn er dient Gott und Mensch, er ist ein Licht auf dem Pfad für den Sucher. Sein Königtum müssen Sie im klassischen Sinn auffassen. Ein König im ursprünglichen Sinn ist ein Alleinherrscher, ein autonom gewordener Mensch, der durch das Priestertum in wahrhaftigem Erleben zu einer solchen Autonomie aufsteigt. Es gibt keine Macht – außer der Macht der Gnosis – die seine überragt. Es gibt in der dialektischen Natur kein Gebiet, in welches er nicht eindringen könnte, um seine Aufgabe zu erfüllen.

Über das wahre Königtum der durch den Geist befreiten Seele werden Sie in den heiligen Schriften zweifellos viel gelesen haben. Es ist verständlich, daß ein solches König-Priestertum für den Diener des Königreiches Gottes notwendig ist. Darum wird dieses König-Priestertum beispielsweise angedeutet als das Priestertum Melchisedeks, des geheimnisvollen Leiters eines hohen Ordens, des Ordens von Melchisedek. Melchisedek ist die Wesenheit, die das hohe göttliche Recht vergegenwärtigt und die in der Gerechtigkeit des göttlichen Friedensreiches steht. Aus diesem Grund wird gesagt, daß er König von Salem ist, König des Friedensreiches. Wer in der Sechsten Stunde seiner Reise in das universelle Leben mit seiner Aufgabe in vollwertiger Dienstleistung beginnt, ist König-Priester nach der Ordnung Melchisedeks. Damit wird die hohe Autonomie und die Unantastbarkeit dieser Priesterschaft in der Natur des Todes angedeutet.

Sie müssen gut verstehen, daß der Kandidat der gnostischen Mysterien, der in den Orden des König-Priestertums eingetreten ist und seine dienende Arbeit verrichtet, mehr zu tun hat, als über das befreiende Leben des Seelenzustandes zu sprechen und davon zu zeugen. Durch ein lebendiges, dynamisches Beispiel und durch das Errichten eines Arbeitsfeldes muß er den suchenden Menschen anspornen, den Pilgerstab zur Hand zu nehmen. Diese Arbeit ist dennoch nur ein verhältnismäßig geringer Teil dessen, was wirklich zustandegebracht werden muß. Das Feld der Aktivität, auf das sich der König-Priester zu richten hat, ist so weit gesteckt, daß man sich kaum eine Vorstellung davon machen kann.

Wer die Bedeutung der Sechsten Stunde verstehen will, muß versuchen, einen Blick auf dieses Feld der Aktivität zu werfen, um seine Großartigkeit und Unantastbarkeit einigermaßen zu erfassen. Wir leben in einer Welt der Erscheinungen, deren Ursachen größtenteils im Verborgenen liegen. Wer einem lebenden Geschöpf wirklich auf all seinen Wegen durch das Daseinsfeld beistehen will, muß die tiefsten Ursachen dieses Lebens kennen.

Alle Menschen haben unterschiedliche Charaktere. Sie besitzen einen von anderen grundverschiedenen Typ und denken, fühlen und handeln in bestimmten Situationen ganz verschieden. Die psychologischen Wirkungen sind bei allen in Ursache und Resultat sehr individuell. Wir könnten diese Unterschiede damit abtun, daß wir sagen: »Es handelt sich um Vergangenheit, Karma, Blutszustand, erbliche Faktoren, Rasse, Volk, bürgerliche Existenz.« Aber damit erklären wir im Grunde doch sehr wenig. Wenn wir sagen: »Der Mensch ist ein Produkt der Vergangenheit«, dann haben wir noch nichts von der wirklichen Art dieser Vergangenheit gesagt. Es ist durchaus nicht einfach, auch nur etwas von dieser Vergangenheit völlig zu ergründen.

In der Geistesschule kommen wir diesem Problem näher, wenn wir sagen, daß jede Lebensäußerung die Folge einer bestimmten elektro-magnetischen Strahlung kosmischer Art ist. Doch auch damit haben wir noch nichts von dem gesagt, was dahinter steht. Kommen die kosmischen Strahlen direkt wie beabsichtigt zu uns oder nicht? Gibt es Kräfte oder Wesen, die Veränderungen daran vornehmen, sie für Nebenabsichten umbiegen? Bestehen vielleicht noch andere Behinderungen? Gibt es vielleicht verschiedene Lebensreiche, die aufeinander einwirken, so daß Nebenstrahlungen entstehen?

So könnten Sie eine fast unabsehbare Reihe Fragen stellen. Daher verstehen Sie, daß wir lediglich in einem ersten Beginn von einer zu ergründenden Strahlungswissenschaft stammeln, wenn wir in der Schule des Rosenkreuzes der Einfachheit halber sagen: Es gibt eine dialektische und eine gnostische Strahlung. Aus dieser Strahlungswissenschaft müssen alle Ursachen und Zustände des Lebens erklärt werden, bevor man von einer wirklichen Hilfe, einer wirklichen Therapie sprechen kann.

Was wissen die Menschen im tiefsten Wesen voneinander? Sie sehen einander sonderbare Dinge tun, bedauerliche Dinge. Und sie fragen manchmal bestürzt: »Warum?« So steigen viele Fragen auf: »Warum kommt der eine Mensch zur Schule des Rosenkreuzes und der andere nicht? Warum sind viele, die gerade im Begriff waren, das Rosenkreuz zu finden, im letzten Moment zurückgetreten? Durch welche unsichtbaren Einflüsse wurde ihr Pfad wieder umgebogen?«

Darum erfordert es die wahrhafte, zutiefst empfundene Menschenliebe zu wissen, warum jemand so denkt, fühlt und handelt, wie er es tut. Welche Kräfte in ihrer bunten Mannigfaltigkeit beherrschen den Menschen? Ist es möglich, den Quell dieser Kräfte, wenn er aufgespürt ist, zuzuschütten oder seinen Lauf von bestimmten Menschengruppen abzuleiten?

Verstehen Sie, daß die Beherrschung und die Kenntnis der Strahlungswissenschaft im universellen Sinn notwendig sind, um wahrlich Menschendienst verrichten zu können? Die Alten unterschieden viele Strahlungsgruppen mehr oder weniger nach ihren Wirkungen. Sie personifizierten sie und sprachen von Göttern, Götzen und Geistern. Mit Beschwörungen, Anrufungen und okkulten Praktiken versuchte man, die Wirksamkeit der einen Strahlung in ihrer Aktivität einzuschränken und eine andere zu stimulieren. So entdecken wir, daß es sich hier um eine sehr alte Wissenschaft handelt, die in gewissem Sinn verlorengegangen ist, die vergessen und durch falsche Anwendung verdorben wurde.

Diese Wissenschaft darf allein gekannt und angewandt werden, wenn man von wahrhaft gnostischen Zielen beseelt ist, die uns allen täglich nahegelegt werden. Wir können Ihnen diese Wissenschaft andeuten, die vor Jahrtausenden im Besitz der Menschheit war, um schnell und sicher für- und miteinander die Wege zum befreienden Leben zu ebnen. Doch seit langem ist dieses alte Wissen wieder in die Mysterien des Ordens von Melchisedek zurückgenommen worden und wird nur jenen geschenkt, die in der Sechsten Stunde ihre dienende Aufgabe anpacken müssen.

Wir müssen nun die Frage beantworten, warum der von der Dialektik freigewordene Mensch, der aber dennoch in der Welt der Dialektik der Welt und der Menschheit dient, ohne Furcht ist, obwohl er die höllischen Ungeheuer wider sich anrücken sieht.

Sie müssen gut verstehen, daß dieses »ohne Furcht sein« nichts mit der Angst um das eigene Selbst, um den eigenen Seinszustand zu tun hat, denn der Kandidat hat bereits in der Fünften Stunde seinen Sieg über Tod und Materie gefeiert. Daher kann selbstverständlich dann, wenn er mit seiner menschheitsbefreienden Aufgabe beginnt, von banaler Angst ums Dasein und folglich auch vom typischen dialektischen Kampf ums Dasein keine Rede sein. Der Befreite ist »ohne Furcht«, und deshalb hätte es keinen Sinn, in der Sechsten Stunde nochmals auf einen selbstverständlichen Seinszustand hinzuweisen. Außerdem wäre es Verschwendung kostbarer Worte, weil das gesamte *Nykthemeron* sich durch ganz besondere Kürze in der Formulierung auszeichnet. Das Ganze kann auf eine Seite geschrieben werden.

Apollonius von Tyana wollte in der Sechsten Stunde eine ganz andere Absicht offenbaren. Darum ist eine ausführliche Erklärung notwendig. Denken Sie an die Beschaffenheit eines Mikrokosmos. Das äußere Bild ist wie folgt: Von außen gesehen ist da zuerst das große magnetische Feld des Mikrokosmos. Dann kommt das siebenfache aurische Wesen, das aus Schichten von verschiedener Stärke besteht und mit magnetischen Punkten besät ist. Innerhalb dieses aurischen Wesens ist ein scheinbar leerer Raum, das Atemfeld, in dem Sie selbst als Persönlichkeit stehen.

Auf dieses Atemfeld des Mikrokosmos wollen wir ganz besonders Ihre Aufmerksamkeit lenken. Tatsächlich haben wir es in der Schule niemals einem genauen Studium unterworfen. Sie wissen, daß es organisiert ist und verschiedene Kraftströme astraler Art darin zirkulieren, die mit dem Leber-Milz-System in Verbindung stehen. Außerdem halten sich im Atemfeld Kräfte auf, von denen der Mikrokosmos gereinigt werden muß, dämonische, selbst verwirklichte Kräfte, die den Menschen im Leben behindern und manchmal auch verhängnisvoll sein können.

Apollonius von Tyana wünscht, daß der Kandidat bei seiner Besinnung auf die Sechste Stunde davon Kenntnis nimmt und dabei entdeckt, welche Kräfte im Atemfeld oder astralen Körper eines Mikrokosmos auftreten. Wenn Sie sich darin vertiefen, werden Sie feststellen, daß für keinen einzigen Mikrokosmos jemals ein Moment kommt, in dem das Atemfeld nicht bevölkert ist.

In einem der vorhergehenden Kapitel erörterten wir schon, daß eine allgemeine Reinigung und Ordnung der verschiedenen magnetischen Spannungen und Strahlungen in den mikrokosmischen Sphären und Organen erfolgen muß. Wir sagen Ihnen jedoch, wenn in irgendeinem Mikrokosmos bestimmte magnetische Spannungen, die für den Menschen hinderlich und schädlich sind, entwirrt, geklärt und aufgelöst werden, immer andere magnetische Verhältnisse an ihre Stelle treten. Womit beschäftigten sich im Lauf der Jahre Ihre Gedanken, Gefühle und Willenskräfte, jene Wirksamkeiten, die meistens Ihre Handlungen bestimmen?

Sie wissen, daß sich Ihnen bestimmte Gedanken und Gefühle periodisch aufdrängen. Sie beeinflussen Ihre interne Sekretion, Ihr Blut und Ihr Nervenfluidum. Und Sie sind mit der Regelmäßigkeit eines Uhrwerks mit den körperlichen Auswirkungen all dieser Einflüsse beschäftigt. Öffentlich oder ganz geheim, zaudernd oder mit großer Angst, wie von einem Drang besessen oder möglicherweise mit einem gewissen Wohlbehagen und auch wohl mit tiefem Verdruß gehen Sie zu Handlungen über, die mit diesen Einflüssen übereinstimmen.

Einige kämpfen verzweifelt gegen diese Neigungen. Es gibt aber niemanden, der ihrer Herr werden kann. Der Mensch muß gehorchen, auch wenn er in die Handlungen selber mehr oder weniger Kultur hineinlegt, so daß die Folgen dieser Handlungen sein Gewissen eventuell beruhigen oder einschläfern. Man versieht alle diese Prozesse mit einem philosophischen, psychologischen Etikett. Man redet akademisch darüber und versucht, sie psycho-analytisch zu zergliedern. Man sucht Wege, um sich eine Haltung zu geben, um den eigenen großen Gewissenskonflikt, verursacht von diesen animalischen Regungen und Trieben im Menschen, hinweglügen zu können, psycho-analytisch aufzulösen.

Das alles hat seinen tiefsten Grund im Atemfeld des Mikrokosmos. Alle magnetischen Zustände, Spannungen, Neigungen und Kräfte finden dort ihre Basis. Einige dieser Spannungen dringen über das Milz-Leber-System ein, und man spricht dann vom Unterbewußtsein. Andere nehmen den Weg über das Kleinhirn und das verlängerte Rückenmark zum Herzen; dann spricht man von Begierden, Verlangen und Gefühlszuständen. Wieder andere dringen über die Öffnungen des Pinealis-Gehirnteils ein und berühren die Sinnesorgane, die Verstandesorgane und schließlich die Willensorgane. Ist dann das Feuer des Willens entfacht, folgt der Ausbruch naturgesetzmäßig.

Warum sind Sie so, wie Sie sind? Warum handeln Sie so, wie Sie handeln? Die Antwort können Sie im Atemfeld und in seinen Bewohnern finden. Einige dieser Kräfte, die sich dort aufhalten, waren schon dort, als Sie geboren wurden; denn der Mikrokosmos, der Sie umschlossen hält, war bei Ihrer Geburt nicht rein und jungfräulich. Vor Ihnen waren doch viele andere Bewohner in Ihrem Mikrokosmos. Es ist ein Haus, das unzählige Male bewohnt wurde. Und viele Atemfeldbewohner des Urbeginns deklarieren sich Ihnen, drängen sich Ihnen auf. Der Reihe nach haben sie die Führung in Ihrem Leben und treiben Sie nach verschiedenen Seiten. Sie erlangen Macht über Sie übereinstimmend mit Ihren Erfahrungen und Situationen.

Nahmen Sie an, daß alle primitiven Völker mit ihrem Dämonenglauben, mit ihrem Animismus, dumm und närrisch waren? Nein, diese Völker sind in dieser Hinsicht alle gleich rein, wirklich und wahr. Sie lügen die Tatsachen nicht hinweg, und sie wissen keinen anderen Weg, als die Realitäten anzunehmen und ihnen zu entsprechen. Sie versuchen, allen ihren Atemfeld-Göttern reihum in voller Hingabe zu dienen, um sie zufriedenzustellen und die Spannungen nicht zu vergrößern.

Was die primitiven Völker öffentlich und natürlich tun, das tut jedes kultivierte Volk im Verborgenen und unter diversen Masken, sogar mit dem Namen Jesus Christus auf den Lippen.

Sie verstehen, was wir von einer solchen Kultur zu halten haben. Es gibt keinen Menschen dialektischer Struktur, der seinen Atemfeld-Göttern nicht dient. Dieses ist keine Anschuldigung, sondern wir schildern Ihnen nur die Wirklichkeit, wir reißen die Masken herunter. Es gibt keinen dialektischen Menschen und keinen göttlichen Menschen, der sich der Leitung der magnetischen Kräfte in seinem Atemfeld entziehen kann. Darum dürfen Sie nicht zu sein wähnen, was Sie in Wirklichkeit nicht sind. Sie sind im tiefsten Wesen ein armes Menschlein, der Natur nach Spielball magnetischer Kräfte.

In den vorigen Kapiteln stellten wir fest, daß für den großen Gewissenskonflikt – denn das ganze Leben ist, vor allem für den Uratomträger, ein großer Gewissenskonflikt – nur *eine* Auflösung zu finden ist, nämlich in der Gnosis neue magnetische Kräfte im Atemfeld zu entwickeln.

Sie bringen dieses primär zustande durch unerschütterlichen Glauben, durch tiefes Verlangen und unentwegtes, fortgesetztes Streben. Das ist das Geheimnis des Erfolges, »auf dem Teppich stehen« nennen wir es. Wenn es Ihnen gelingt, einige dieser befreienden magnetischen Kräfte in Ihr Atemfeld zu ziehen und sie Ihnen, wenn sie durch einen der Kanäle in Ihr Leben treten, gehorchen und folgen, und Sie in dieser inneren Kraft anderen widerstehen, dann sind Sie auf dem rechten Weg.

Diese Wege der Entwicklung betritt der Kandidat, wie wir seinerzeit besprachen, schon in der Zweiten Stunde. Ihr mikrokosmisches Atemfeld ist Ihre Lebenssphäre, buchstäblich Ihr Atemfeld. Es ist dem großen Atemfeld des Erden-Kosmos völlig gleich. Wenn Ihr Atemfeld vollkommen dialektisch-natürlich ist, korrespondiert es mit dem großen äußerlichen Atemfeld, aus welchem Sie Ihre Lungen füllen. So ist Ihre kleine Natur mit der großen Natur vollkommen im Gleichgewicht, mit allen Folgen der Gefangenschaft, die daraus resultieren.

Wenn es Ihnen aber durch wahrhaftes Schülertum und energisches Durchsetzen – es gibt keinen anderen Weg – gelingt, gnostische magnetische Kräfte in Ihrem Atemfeld zu entwickeln und festzuhalten, dann verändert sich für Sie auch das große Atemfeld. Dann assimilieren Sie nicht mehr sein Gift, seine Dämonie und all die Gefahren, welche die dämonische Menschheit, die besessene Dialektik hineinstrahlt, sondern dann können Sie nur einatmen, was Ihrem Frieden, Ihrer Gesundheit und Herrlichkeit dient. Dann verändert sich Ihr Atem.

Achten Sie nun auf die Sechste Stunde. Der Bruder der Sechsten Stunde befindet sich als vollkommen befreiter Mensch und Diener der Menschheit bei seiner Arbeit im feindlichen Land. Daher rücken selbstverständlich die höllischen Ungeheuer der zahllosen magnetischen Spannungen – im großen kosmischen Atemfeld zu großen Mächten vereinigt – wider ihn an, weil er sie ihrer Opfer berauben will. Aber ein Arbeiter von dieser Qualität ist absolut ohne Furcht. Er fürchtet nicht um das eigene Selbst, das ist gewiß! Er hat auch keine Furcht um das Resultat seiner rettenden, befreienden Arbeit.

Bei dieser Schlußfolgerung wollen wir einmal verharren. Stellen Sie sich vor, daß Sie aus einem befreiten Zustand versuchen, eine noch nicht befreite Seele zu retten und ihr zu helfen. Die höllischen Mächte ziehen gegen Sie auf, sie können Ihnen nicht schaden, wohl aber dem Objekt Ihrer Fürsorge. Die starken höllischen Mächte kapseln den Menschen ein, nach dem Sie Ihre Hände ausstrecken, sie reißen ihn von Ihnen weg! Er ist wie ein Spielball in ihren Vampirarmen.

Nun verstehen Sie gleichzeitig auch, warum jeder Diener des universellen Lichtes in seinem Menschendienst auf Erden verkannt wird, warum er auf Beleidigung, Haß, Ungastlichkeit, Widerstand, Verleumdung und organisierte Feindseligkeiten stößt; warum er fortwährend auf das Tun und Lassen aller achten muß, sogar in seiner unmittelbaren Umgebung. Die naturgesetzmäßige Feindschaft der höllischen Ungeheuer tritt ihm bei Tag und bei Nacht entgegen in denen, die noch dafür offen sind. Dennoch wird der dienende Bruder dadurch nicht in Aufregung versetzt. Sein Geist bleibt vollkommen unbeweglich, er ist ohne Furcht, ohne Sorge, auch wenn er bedroht wird von den Menschen, denen seine liebevolle Sorge gilt.

Wird er denn nicht durch das Weh, den Schmerz und das Elend all dieser Erfahrungen mit der besessenen Menschheit überwältigt? Nein, denn in ihm ist das Wissen, vollkommen Machthaber zu sein. Er wird siegen, weil er bei Tag und bei Nacht auf allen seinen Wegen umringt und begleitet wird von der rächenden Gerechtigkeit Gottes.

Was ist das? Ist das eine Spekulation auf den alttestamentarischen Gott? Nein, jeder Bruder des Lichtes besitzt in seinem Atemfeld eine magnetische Kraft, eine magnetische Spannung, die tatsächlich als rächende Gerechtigkeit bezeichnet werden kann, als eine den Bruder begleitende und beschützende Kraft. Eine Kraft, die von den klassischen

Rosenkreuzern, ohne dabei alttestamentarisch sein zu wollen, als Jehova angedeutet wurde. Bewußt stellten sie sich bei all ihrer Arbeit unter den Schatten seiner Flügel. Wenn von den höllischen Ungeheuern Widerstand versucht wird, Widerstand gegen das liebevolle Werk der Ernte, sei es nun direkt oder sei es indirekt durch Dritte, und der dienende Bruder sich nicht mehr sorgt, keine Angst hat und – nach dialektischen Maßstäben – nicht selbst die Streitaxt ausgräbt im Kampf ums Daseins, dann wird die ihn durchdringende, ihn umfangende und begleitende jehovistische Kraft aus ihm sprechen und ihm helfen, bis quer durch alle Gefahren das Ziel erreicht ist.

Ist die jehovistische Gerechtigkeit denn eine rächende, rachsüchtige, blutdürstige, tötende Strahlung? Nein, sie ist ein beschirmendes Feuer. Wer dieses Feuer angreift, beschimpft oder auf irgendeine Weise bedroht, der wird zu gegebener Zeit dadurch verbrannt. Wer aufmerksam darauf achtet und die Geschichte des heiligen Werkes und seiner Diener kennt, wird dieses Gesetz der Beschirmung immer bestätigt finden. Das ist die Erklärung der Sechsten Stunde des Apollonius von Tyana.

*Ein Feuer, das allen beseelten Wesen
Leben gibt, wird vom Willen reiner
Menschen gelenkt. Der Eingeweihte
streckt die Hand aus, und Frieden
breitet sich über das große Leiden.*

Siebente Stunde

Sie wissen, was die Sechste Stunde für uns entschleierte. Es ging um die vollständige Reinigung des Atemfeldes, das sich zwischen dem aurischen Wesen und der Persönlichkeit befindet. Auf welche Weise diese Reinigung zustandekommt und welche Folgen sie hat, haben wir Ihnen ausführlich dargelegt. Wenn diese Reinigung stattgefunden hat, ist der Kandidat der universellen Mysterien eine vollkommen befreite Wesenheit geworden. Er ist im Besitz all seiner ursprünglichen Vermögen, und er lernt nun, diese Vermögen anzuwenden und die Kräfte, die darin enthalten sind, zu gebrauchen.

Seine mikrokosmische Situation ist folgende: Die magnetischen Punkte, die sich im sechsten aurischen Ring befinden, sind empfänglich geworden. Dieses magnetische Firmament leuchtet, und das magnetische Firmament des siebenten Ringes, das die Naturgeburt beherrscht, ist dem neuen Firmament untergeordnet. Das magische Feuer des Universums, aus dem alles Leben ist, braucht nun nicht mehr über die verworrenen Fäden des Schicksalsnetzes in das Atemfeld durchzudringen, sondern so, wie das Feuer ist, seiner ursprünglichen Absicht gemäß, tritt es in das mikrokosmische System des Kandidaten ein und kann sich völlig rein im Atemfeld konzentrieren, wo der Kandidat mit einem siebenfach gereinigten Herzen atmet und seine Wesenheit mit diesem hermetischen Feuer nährt.

Nun sagt die Siebente Stunde: *Ein Feuer, das allen beseelten Wesen Leben gibt, wird vom Willen reiner Menschen gelenkt.*

Und wir fragen: Wird das Feuer, das allen Leben gibt, schon von Ihrem Willen gelenkt? Es sieht noch nicht so aus! Sie leben zwar aus dem Feuer, welches Leben schenkt, aber durch die Situation Ihrer dialektischen Naturgeburt tun Sie diesem Feuer Gewalt an, und jeder Herzschlag ist ein Sündigen gegen seine heiligen Werte. Dadurch kommen Sie damit in Konflikt. Und es gibt ein unheiliges Feuer, das Sie gefangenhält und das Sie nur zu einem kleinen Teil, äußerst minimal, mit Ihrem Willen beeinflussen können.

Wie ist das zu erklären? Zu Ihnen kommt das dialektische Feuer, das, wie Jakob Boehme richtig sagt, in Unheiligkeit entflammt ist, weil die ursprünglichen sieben Hauptrassen, die das gesamte sichtbare Universum bevölkerten, das siebente kosmische Gebiet – den Garten der göttlichen Menschheit, die große Werkstatt der göttlichen Menschheit – nicht auf die rechte Weise gebraucht haben. Alle Menschen sind die Nachkommen dieser ursprünglichen sieben Rassen, und das magnetische Firmament, die Lipika, aus der sie leben und bestehen, ist eine getreue Widerspiegelung des unheiligen Alls. Das magnetische Firmament Ihrer Naturgeburt ist eine Projektion des Sonnensystems und des Tierkreises und dadurch gleichzeitig eine Projektion des gesamten Sternenheeres. Dieses geoffenbarte

Firmament ist ein gigantisches Netz magnetischer Punkte, das sich genau in Ihr aurisches Wesen projiziert, und durch das aurische Wesen in Ihr Atemfeld und in den Pinealis-Feuerkreis im Hauptheiligtum. So sind Sie vollständig im Netz des Schicksals gefangen. Das Schicksalsnetz des Makrokosmos projiziert sich in den Kosmos, das des Kosmos in den Mikrokosmos und das des Mikrokosmos in Ihre Persönlichkeit. So winden Sie sich Jahr um Jahr in den verworrenen Fäden dieses ungeheuren magnetischen Netzes, bis Sie vom Feuer verzehrt und verschlungen sind.

Es gibt eine Wissenschaft, die Sie kennen, entweder nur dem Namen nach oder aus Erfahrung. Diese Wissenschaft wird heute Astrologie genannt. In der Vorzeit stand sie bei einigen Völkern in hohem Ansehen. Mit Hilfe dieser Wissenschaft kann man feststellen, auf welche Weise die magnetischen Strahlen des Makrokosmos und Mikrokosmos in der Persönlichkeit wirken. Von dieser Wissenschaft geht unverkennbar eine große Verlockung aus, diese Wissenschaft beschreitet tatsächlich Sternenwege. Wir haben sie jahrelang persönlich ausgeübt. Fünfzehn Jahre lang wurde sogar Unterricht darin erteilt, und unsere Schüler wurden darüber belehrt, wie sie im Netz des Schicksals hängen, daß sie Gefangene sind, daß jeder Tag, ja jede Stunde ihres Lebens von den magnetischen Strahlen und ihrer Zusammensetzung bestimmt wird. Es wurde aufgezeigt, wie man das exakt feststellen und die Folgen sogar im voraus wissen kann. Aber als sie das gut wußten und erfahren hatten und die Bestürzung über diese zügellose, magnetische Gewalt erlebt hatten, ging es um die Konsequenzen.

War die Konsequenz dieser Wissenschaft: »Wie verhalte

ich mich als Gefangener im Netz des Schicksals? Wie verhalte ich mich in der Heimsuchung der magnetischen Strahlen? Wie fange ich ihre Schläge auf? Wie winde ich mich am vorteilhaftesten im Netz? Wie kann ich den besten Gebrauch davon machen, um mich durchs Leben zu schlagen, bis der Tod der Verbrennung darauf folgt?«

Oder sollte die Konsequenz sein: »Wie reiße ich mich aus dem Netz des Schicksals los? Wie komme ich zu einem befreienden Leben, in dem die Spinne des dialektischen Lebens mich nicht mehr aussaugt?«

War die Konsequenz: »Wie folge ich mit Hilfe dieser Wissenschaft meinem Todesgang auf dem Fuße?« Oder sollte es so sein: »Da ich nun das Fatum gesehen und die Medusa angestarrt habe, nehme ich Abschied von dieser Wirklichkeit des Todes, um sie gegen die Wirklichkeit eines neuen Lebensganges einzutauschen«?

Wenn Sie diesen Abschied vollständig feiern können, dann kommt die Gnosis mit ihrer allumfassenden Weisheit; und wir bitten wie Hermes Trismegistos bis zu dieser Stunde: »Oh, daß wir niemals in der Gnosis irren mögen.« Wir haben seinerzeit Abschied von der horizontalen Ebene der Astrologie genommen, und wir wissen, daß es noch viele gibt, die sich von dieser Wissenschaft nicht lösen können, sehr zu ihrem eigenen Schaden. Denn die Astrologie und ihre Anwendung sind, ihrer magischen Struktur wegen, sehr erdbindend. Das ist nicht schlimm für den Menschen, der erdgebunden und ichzentral sein und bleiben will, aber für den Menschen, der die Gnosis sucht, ist diese Wissenschaft unheilvoll. Wir wollen die Astrologie für Sie nicht zu einer verbotenen Wissenschaft erklären, jedoch – gesehen im Licht der Gnosis – als eine für das eigene Selbst unnütze und schädliche Wissenschaft. Zu jenen, die es angeht, möchten wir sagen: Sie müssen in diesem Punkt in sich selbst zur Klarheit kommen, indem Sie sich fragen, ob die Astrologie und ihre Anwendung Sie jemals eine Sekunde glücklich gemacht haben, und ob sie nicht vielmehr die Angst und die Furcht in Ihrem Leben verstärkt haben.

Erheben Sie sich dann zu der gewaltigen Wahrheit der Siebenten Stunde des Nykthemeron:

Ein Feuer, das allen beseelten Wesen Leben gibt, wird vom Willen reiner Menschen gelenkt.

Das heißt, wenn Sie den Pfad der Gnosis gehen, werden Sie mit einem anderen magnetischen Universum verbunden, mit dem unversehrten, den heilenden Universum. Das dialektische Universum entlehnt seine Kräfte dem ursprünglichen, unberührten, reinen Feuer. Dieses Feuer wird dann von den Äonen der Natur umgestaltet, mit Nebenwirkungen versehen, und wird so zu einem unheiligen Feuer. Doch das ursprüngliche Feuer bleibt anwesend, es ist näher als Hände und Füße, es ist allgegenwärtig. Es kennt keine Abschwächungen und Nuancierungen der Lichtkraft. Es scheint an dem einen Ort nicht stärker als an einem anderen. Es ist eine alles umringende Strahlung! Es *ist*! Es schenkt allen beseelten Wesen Leben, schließlich auch jenen, die es nicht aus erster Hand, sondern aus zweiter Hand aus dem dialektischen Universum empfangen, sei es dann auch umgestaltet und entheiligt.

Jene aber, denen es gelingt, sich zu diesem Licht zu erheben, und die für sich einen neuen Himmel, ein neues magnetisches Firmament zu offenbaren wissen, die innerhalb dieses Feuerkreises eine neue Erde verwirklichen und auf diese Weise als gereinigte Menschen im allgegenwärtigen Feuer aufgehen, sind dann nicht an ein neues, ein anderes Netz des Schicksals gebunden. Sie leben in einer Feuerkraft, die von ihrem gereinigten und geläuterten Willen angewandt und gelenkt werden kann. Sie beugen sich nicht unter der Materie, sondern stehen darüber, sie beherrschen die Ursubstanz und das darin strahlende Feuer. Für sie wird der Raum der Ursubstanz wieder ein Eden, ein Garten der Götter, eine Werkstätte im vollkommenen Sinn, so wie sie ursprünglich beabsichtigt war.

Da der Garten der Götter bis auf diesen Augenblick eine große Beschädigung zeigt und die Nachkommen der sieben ursprünglichen Rassen der Natur der Dinge unterworfen sind, von der Natur beherrscht werden, ist die Arbeit der Befreiten im Garten der Götter sehr naheliegender Natur. Die an die Todesnatur Gefesselten müssen ihrer ursprünglichen Natur nach erweckt werden. Einmal erweckt, muß ihnen geholfen werden, diese ursprüngliche Natur über die Todesnatur siegen zu lassen; und alle der göttlichen Natur feindlichen Äonen, Kräfte und Schöpfungen müssen im gesamten Garten der Götter neutralisiert werden.

So streckt der Eingeweihte die Hand aus, die Hand seiner Macht über die neuen Vermögen seines neuen Lebenszustandes, damit das allgegenwärtige Leiden in der Todesnatur zum Frieden gelangt, das heißt, zur Übereinstimmung mit der göttlichen Natur regeneriert und transfiguriert wird. Das ist der Sinn des Wortes: *Der Eingeweihte streckt seine Hand aus, und Friede breitet sich über das große Leiden.*

Meinen Sie jedoch nicht, daß die gnostischen Eingeweihten Ihnen nachlaufen, um Ihnen mit ihren Kräften und
Möglichkeiten in Ihrem dialektischen Ich-Zustand zu dienen, Sie in Ihrem Ich zu stärken und Ihnen, so wie Sie im
Netz des Schicksals hängen, zu helfen. Nein, sie strecken
die Hand über Ihnen aus, um Sie vom ewigen Leiden zu er-
lösen – falls Sie das wünschen!

So zeigt sich, daß die Siebente Stunde des Nykthemeron
uns einen ersten Blick in die große und herrliche Arbeit
der Befreiten erlaubt, die das universelle Leiden zum Frieden bringen, indem sie dem göttlichen magnetischen Feuer, das allgegenwärtig ist, Richtung geben. Darum kann
man mit Gewißheit sagen, daß der Garten der Götter einmal gereinigt sein wird, daß das gegenwärtige Leiden darin
zum Frieden kommen wird, dem Frieden des neuen Jeru-
salem. Deshalb wird gesagt:

*Die Siebenheit drückt den Triumph des Magiers aus. Dieser
schenkt den Menschen und Völkern Glück, er unterstützt sie
durch seine erhabenen Anweisungen, er schwebt einem Adler
gleich über ihnen, er lenkt die Ströme des astralen Feuers. Alle
Pforten des Heiligtums sind für ihn geöffnet, und alle Seelen,
die nach Wahrheit streben, schenken ihm ihr Vertrauen. In seiner sittlichen Größe ist er rein und trägt in sich die strahlende
Macht der göttlichen Liebe.*

Die Sterne sprechen miteinander. Die Seele der Sonnen antwortet auf das Seufzen der Blumen. Durch Ketten der Harmonie werden alle Naturwesen miteinander verbunden.

Achte Stunde

Apollonius teilt den Tag Gottes, der in der Finsternis scheint, in zwölf Teile oder Stunden. Es sind die zwölf klassischen Aspekte des göttlichen Werdens. Die Zahl zwölf symbolisiert die Auferstehung der Geistseele nach dem vollständigen Untergang des dialektischen Menschen. Einerseits ist es die Zahl des Leidens und des Todes, andererseits der Gnade und der Vollkommenheit. Es ist die in ganz besonderem Sinn evangelische Zahl: der Durchbruch des Lichtes in die Finsternis.

In der Siebenten Stunde wird der Kandidat der gnostischen Mysterien ein wahrhaft priesterlicher Mensch und ist fähig, mit dem Feuer des Heiligen Geistes und anderen gnostischen Radiationen und Kräften des reinen astralen Feldes der Geistesschule in allen Gebieten der Materie zu wirken, um der noch leidenden und nach Befreiung verlangenden Menschheit zu dienen und zu helfen. Erfüllt von diesem heiligenden, heilenden Geist und damit im gesamten siebenten kosmischen Gebiet wirkend, entdeckt der priesterliche Mensch in der Achten Stunde »aus erster Hand«, als der selbst Erfahrende, daß die himmlischen Lichter ihre Sprache sprechen. Das bedeutet, daß er innerlich die Sprache, die wirkliche Art der Strahlungen versteht.

Eine Strahlung gleicht einer Stimme, sie hat einen bestimmten Grund, eine Ursache und ein Ziel. Die Ursache und das Ziel gibt die Strahlung in ihrer Wirksamkeit und ihrem Resultat zu erkennen. Wer aus dem gnostischen Licht lebt und arbeitet und auf diese Weise – mystisch gesprochen – an der Hand der Gnosis seinen Weg geht, wird die Sprache der Strahlungen, die Sprache der Flammen verstehen lernen. Offenheit für diese Radiationen und die Möglichkeit, die damit verbundene Kenntnis aufzunehmen, sind erforderlich, weil die Strahlungsfülle des dem Menschen geoffenbarten Raumes des siebenten kosmischen Gebietes total anders ist als die des sechsten, als die Strahlungen der Welt des lebenden Seelenzustandes.

Der Kandidat wird ferner überempfindlich für alle Wirkungen der Gesetze, für Harmonie und Disharmonie. Wer den Pfad geht, wird das verstehen, denn wenn er sein Wesen auf das eine Nötige abgestimmt hat und die damit übereinstimmende Lebenshaltung führt, wird er feststellen, daß er einen hohen Grad der Sensibilität für Sphäre und Umgebung besitzt. Ein solcher Kandidat wird sofort bemerken, wenn in seiner Umgebung kritisch und disharmonisch gedacht wird, er versteht dann also »die Sprache der Strahlungen«. Jeder Mikrokosmos gleicht einer Sonne, und jeder Mikrokosmos überträgt eine Strahlung, spricht eine Sprache. Die vom Kehlkopf erzeugten artikulierten Laute sind hier nicht gemeint, denn diese können zu der von einem Menschen ausgehenden Sprache der Strahlungen absolut im Gegensatz stehen. Alle Menschen, jedes geoffenbarte Leben, alle Himmelskörper sprechen miteinander durch unverkennbare Strahlungen. So gibt es im gesamten geoffenbarten Universum eine ebenfalls geoffenbarte Wahrheit, ohne daß die Menschen es wissen oder ahnen können. Kraft der Strahlung, die vom Menschen ausgeht, kann er als solcher nicht lügen. Er trägt durch die Strahlungen, die von ihm ausgehen, die Wahrheit mit sich.

Darum werden Sie einsehen, daß jene, die durch die Pforten der innerlichen Grade eintreten, ein neues Vermögen erhalten, welches eine unerläßliche Eigenschaft jedes gnostischen Eingeweihten ist. Anhand der eigenen Strahlungsfülle des neuen Wesenszustandes besitzen sie das Vermögen, alle Geister, alle Strahlungen hinsichtlich des einen Pfades und der einen Kraft zu prüfen. Sie sind, nach dem Wort aus dem ersten Kapitel des Johannes-Evangeliums, Vers 4, »in der Lage, alle Geister zu prüfen, ob sie aus Gott sind.«

Es gibt dafür drei Erkennungspunkte: an der Spitze der rechten Herzkammer, an der Stirn und der ganze ätherische Körper.

Im Herzen finden wir die Rose, den Kernpunkt des Mikrokosmos. Der Eingeweihte kann mühelos wahrnehmen, ob dieser Kernpunkt völlig eins geworden ist mit dem stofflichen Herzen, dem Quell der Gemütsbewegungen, der Begierden und Leidenschaften, ob sich also die Rose geöffnet hat oder öffnen will.

Im offenen Raum hinter dem Stirnbein befindet sich der Kernpunkt, der Brennpunkt des Bewußtseins, das in einigen Menschen anwesend ist, und dann entweder das naturgeborene Ichbewußtsein oder die neu erwachte Seele, die, an dieser Stelle strahlend und funkelnd, als die goldene Blume des himmlischen Herzens bezeichnet wird.

Der ätherische Körper ist entweder der Sammelplatz der

Extrakte und Produkte der gewöhnlichen niederen astralen Kräfte der Todesnatur, oder der Körper, der im Begriff ist, die neuen Seelenkräfte aufzunehmen, zu ordnen und festzuhalten. Im letzteren Fall ist der ätherische Körper das goldene Hochzeitskleid.

Es tobt ein unaufhörlicher Kampf zwischen den Menschen; die fürchterlichsten Gegensätze halten sie getrennt. Von Natur aus sind sie geneigt, Gott und ihre Nächsten zu hassen, aber dennoch sind sie sich, ihrer Art nach, ihrem wirklichen Strahlungszustand nach, alle gleich, von *einer* Ordnung, also in vollkommener Harmonie. Darum wird von Ketten, von Fesseln gesprochen, als Gattung in Harmonie aneinandergekettet und infolgedessen der Art gemäß fortwährend in unvermeidlichem Krieg miteinander, ohne sich voneinander distanzieren zu können. Das ist die Sprache, welche die im Schacht des Todes versunkene Menschheit ohne Unterlaß spricht. Daher stammt das Leiden, der nie endende Schmerzensstrom, der die dialektische Natur heimsucht.

Da der gnostische Eingeweihte die Sprache der Strahlen versteht, ergründet er die tiefste Ursache des Leidens. Er ist in der Krankheitslehre der Dialektik sehr bewandert, aber durch den neuen Kernpunkt, der in seinem Wesen als eine goldene Rose entflammte, ist er auch der Verwalter großer Schätze. Die großen Schätze des Lichtes der Lichter sind in seinem Besitz. Es wird gesagt, daß der gnostische Eingeweihte die Kraft der Tauben beherrsche. Die Taube ist das Symbol für den Heiligen Geist, den siebenten Strahl. Darum ist der Eingeweihte fähig, jede Seele auf Grund ihrer Strahlung zu prüfen, ob sie aus Gott ist. Weil er den Menschen bis ins Innerste zu ergründen vermag, kann er seine gnostischen Lichtschätze denen schenken, die sie benötigen, und nicht den Unwürdigen. »Er wirft keine Perlen vor die Schweine, noch Rosen vor die Esel.«

Es geht für den Diener der gnostischen Mysterien der inneren Grade darum, daß er die Gefesselten befreien kann. Wer in seinem gnostischen Entwicklungsgang den priesterlichen Zustand erreicht hat, besitzt dann auch in einem bestimmten Moment den kostbaren Edelstein, den Stein der Weisen oder den Schamir. Er wird »Meister des Steins« genannt. Das bedeutet, daß die Strahlungsfülle des sechsten kosmischen Gebietes – oder der heilige Gral – in ihm ein wirksames Prinzip wird. Dieses wirksame Prinzip ist eine Kraft, die den Eingeweihten befähigt, die Selbstverwirlichung in ihrer Totalität zu einem guten Ende zu führen und darüber hinaus der Menschheit damit zu dienen.

Die Gnosis hilft und rettet nicht durch ein weihevolles Wort oder durch Symbole, nicht durch eine Methode, die befolgt werden muß, wie es zum Beispiel mit okkulten Formeln geschieht, sondern sie steht jedem, der es will, mit einer Kraft bei, der Kraft des heiligen Grals. Mit Hilfe dieser Kraft geht der Eingeweihte mit jenen, denen er geholfen hat, durch die Mysterien, bis zur völligen Vereinigung mit der Weltordnung der Seelenmenschheit. Sie müssen es erfahren als die Panazee für den tiefsten Schmerz der Menschheit.

Die Brüder und Schwestern der inneren Grade sind alle Meister des Steins, Diener und Dienerinnen des heiligen Grals. Die ganze Fülle des gnostischen Lichtes ist zu einem wirksamen Faktor in ihrem Leben geworden, »wirksam« in der Todesnatur zur Auferstehung im befreienden Leben.

Sie können nun auch die alten Legenden verstehen, in denen erzählt wird, daß allein schon das Anschauen des heiligen Grals Genesung schenkt. Der heilige Gral ist die Strahlung der Gnosis in ihrer Siebenfältigkeit. Wer daher den Gral zu sehen vermag, erlebt ihn in einem neuen Seinszustand. So schenkt das Rosenkreuz Ihnen die Kenntnis, das Katharertum die Hingabe und der Gral die Befreiung.

Die Achte Stunde des Nykthemeron besitzt als uralte Pforte des Saturn zwei Ansichten. Sie zeigt uns das geschilderte Bild der Todesnatur, aber auch das des befreienden Lebens. Wer in der Kraft des heiligen Grals die Pforte des Saturn zu durchschreiten vermag, ist imstande, eine neue Sternensprache zu vernehmen, die Sprache der Welt des lebenden Seelenzustandes. Die Kernkraft des Lichtes beantwortet auch dort die Sehnsucht, das maßlose Verlangen des Rosenherzens. So gehen wir, gebunden mit den Ketten der universellen Liebe, in eine neue, universelle, ewige Harmonie. In dieser Gewißheit wollen wir uns aufrichten und erheben.

Die Kraft des heiligen Grals hat Sie zu dem Punkt geführt, da Sie diese geweihten Mysterien verstehen. Diese Kraft will sich nicht nur in Ihnen beweisen, sondern auch in Ihnen frei und zu einem wirksamen Faktor im Dienst der gesamten Menschheit werden. Das ist das vornehmste Ziel einer gnostischen Bruderschaft: den heiligen Gral auszutragen in der Zeit, in der er berufen ist, ein handelnder Faktor zu sein.

Möge diese Zeit für alle bald kommen, als Trost und Segen für jene, die nach der Hilfe der Gnosis ausschauen.

Die Zahl, die nicht geoffenbart wer-
den darf.

Neunte Stunde

1 Die ersten vier Geheimnisse

Bei der Neunten Stunde des Nykthemeron von Apollonius von Tyana entsteht eine Schwierigkeit. Der Text der Neunten Stunde lautet nämlich: *Die Zahl, die nicht geoffenbart werden darf.* Die Schwierigkeit ist nun, daß der Öffentlichkeit preisgegeben werden soll, was unmöglich bekanntgegeben werden kann, und zwar aus dem einfachen Grund, weil es eine unerwünschte Auswirkung hätte.

An dieser Zahl, sagt Apollonius, *muß man schweigend vorübergehen, weil sie die großen Geheimnisse des Eingeweihten in sich beschlossen hält:*

1 *die Kraft, welche die Erde fruchtbar macht;*
2 *die Mysterien des verborgenen Feuers;*
3 *den universellen Schlüssel der Zahlen;*
4 *das zweite Gesicht, vor dem das Böse nicht verborgen bleiben kann;*
5 *das große Gesetz des Gleichgewichtes und der leuchtenden Bewegung, in der Kabbala symbolisch dargestellt als die vier Tiere und in der griechischen Mythologie als die vier Sonnenpferde;*

6 den Schlüssel zur Befreiung des Körpers und der Seele, der
alle Gefängnisse öffnet;
7 die Kraft der ewigen Wahl, welche die Schöpfung des Men-
schen vollendet und ihn in der Unsterblichkeit verankert.

Die Zahl neun war immer eine mysteriöse Zahl, sie war stets mit der Kraft des Schweigens verbunden. Die Zahl neun und ihre Kräfte sind mit dem astralen Gebiet verbunden.

In der Schule des Goldenen Rosenkreuzes wird dem Schüler geoffenbart, wie er sich von der astralen Sphäre der Todesnatur lösen kann, mit der das gesamte Wesen der Menschen verwoben ist. Gleichzeitig wird erklärt, auf welche Weise der Schüler in das neue astrale Feld der Schule eintreten kann, um sich definitiv damit zu verbinden. Daher muß er die Warnung verstehen, die in der Neunten Stunde erteilt wird. Die Kräfte, die mit der Neunten Stunde in Verbindung stehen, sind in ihrer Allgemeinheit Kräfte des astralen siebenten kosmischen Gebietes wie auch des sechsten, welches das neue Lebensfeld ist. Wer daher die Gabe der Unterscheidung nicht besitzt und keine Wahl zu treffen vermag, wird zum Opfer, wenn er die Kräfte der astralen Sphäre entfesselt, weil gerade die astrale Sphäre – viel mehr als das stoffliche Lebensgebiet – von unzähligen Gefahren erfüllt ist.

Darum wird in der gnostischen Geistesschule alles getan, um bereits beim Schlaf des Körpers die »Nüchternheit der Seele« zu erreichen zum Beweis, daß der Transfigurationsprozeß eingesetzt und der Kandidat das neue astrale Feld betreten hat, um auf dieser Basis dann seinen Pfad weiterzugehen, frei von allen elementaren Gefahren. Wer seinen

Pfad gehen würde, ohne auf dieser Basis zu stehen, würde die Gefahren geradezu heraufbeschwören, und zwar wegen der enormen Mystifikationen, die das gewohnte astrale Leben beherrschen. Darum ist die Neunte Stunde die Zahl, die nicht geoffenbart werden darf, die nicht geoffenbart werden kann als Arbeitsfeld für Unbefugte. Es ist nur möglich, im allgemeinen Sinn darüber zu sprechen, weil sie alle Geheimnisse und somit alle Kräfte des gnostischen Eingeweihten in sich beschließt. Es bestehen jedoch keine Bedenken, die Art dieser Geheimnisse anzudeuten, ohne das Wesen der Mysterien zu entschleiern.

Wie wir erkannt haben, gibt es sieben solche Geheimnisse. Wir werden diese, soweit es uns möglich und vergönnt ist, mit Ihnen besprechen.

Das erste Geheimnis bezieht sich auf eine Kraft, die bei ihrer Anwendung das siebente kosmische Gebiet für den Eingeweihten erschließt und zwar so, wie es in der ursprünglichen Absicht des Logos liegt. Das siebente kosmische Gebiet möchten wir den Garten der Götter nennen. Der ursprüngliche Mensch, der geistige Seelenmensch, wurde aus dem sechsten kosmischen Gebiet und den darüber liegenden kosmischen Feldern in den Garten der Götter hinabgesandt. Er empfing diesen paradiesischen Garten als einen großartigen, herrlichen Arbeitsplatz, um mit den darin ruhenden Kräften und Möglichkeiten den großen Plan, welcher der Alloffenbarung zugrundeliegt, ausführen zu helfen und auf diese Weise den Namen Gottes durch schöpferische Wirksamkeit zu verherrlichen. Wenn Sie nun bedenken, daß der Garten der Götter so entartet ist, wie wir ihn jetzt erfahren, weil die Kräfte des Guten und des Bösen, die Kräfte der Dialektik, darin aufgerufen wurden und der Seelenmensch diesen Kräften zu dienen begann, sie dadurch stärkte und so selbst denaturierte, dann werden Sie verstehen, warum die Kräfte der Neunten Stunde nicht geoffenbart werden dürfen und können. Will man diese Kräfte erfolgreich, befreiend und gefahrlos gebrauchen, dann muß der Mensch zuerst zu seinem Ausgangspunkt zurückkehren.

Das ist der Zustand des Seelenmenschen, der mit seinem Pymander – seiner lebenden Seele – in lebendigen Kontakt getreten ist. Erst dann kann der Mensch wieder das Erdreich ererben und mit der Kraft des ersten Geheimnisses der Neunten Stunde die Anarchie der Dialektik, die Anarchie der Zwillingskräfte beseitigen, um den Garten der Götter mit der Frucht des Lebensbaumes in seinem ursprünglichen Zustand wiederherzustellen. Sie müssen zuerst wieder zur lebenden Seele werden, wie Paulus sagt, dann können Sie auf der Basis der lebenden Seele weitergehen zum lebendig machenden Geist. Nur wer den Weg der Seelenwiedergeburt gefunden hat und darauf fortschreitet, kann im Licht der hermetischen Gnosis erwachen und in einem bestimmten Moment die Kräfte der Geheimnisse der Neunten Stunde erlangen zur Wiederherstellung des Gartens der Götter. Diese Wiederherstellung muß damit beginnen, ein gereinigtes astrales Feld eines gnostischen lebenden Körpers zu bereiten, frei von den Täuschungen und Unreinheiten der Dialektik, ein Feld, wie es die Geistesschule besitzen darf.

Für die transfigurierte, lebendig gewordene Seele öffnen sich auf der Basis dieses ersten Geheimnisses die drei folgenden:

die Beherrschung der magischen Feuer,
die Wurzel der magnetischen Strahlungen,
das Vermögen, alles zu erkennen, was nicht im ursprünglichen Plan beschlossen ist.

Die Beherrschung der magischen Feuer bezieht sich auf die Tatsache, daß in der Ursubstanz des ewigen Raumes große Kräfte schlummern. In den heiligen Büchern wird von den sieben mal sieben, also von den neunundvierzig heiligen Feuern des Siebengeistes gesprochen. Diese heiligen Feuer müssen von allen Gottessöhnen entflammt und angewandt werden. Alle, die den Pfad der Seelen-Transfiguration gehen, werden wiederum Kinder Gottes, und alle Kinder Gottes werden dann auch zu ihrer Zeit im Atem Gottes die magischen Feuer beherrschen.

Um dieses gut zu verstehen, müssen Sie an einen Menschen denken, der sich einem Spiegel nähert. Er sieht darin sein eigenes Spiegelbild. So ist es auch bei dem Menschen, der seinem Pymander begegnet ist, in dem Seele und Geist vereinigt, verinnigt sind. Das Wesen des Geistes ist Gott. Dieser projiziert sich als ein Spiegelbild unablässig in die Seele. Der Mensch ist zur Einheit Gottes zurückgekehrt. Wo er sich auch befindet und wie das Leben ihn auch plagt, die Seele trägt das Bild des Geistes in sich. Und so wie der Geist sich in die Ursubstanz projiziert und darin die neunundvierzig Feuer latent beschlossen hält, so ist die Seele, die im Geist und durch ihn lebendig geworden ist, fähig, die neunundvierzig latenten Feuer zu entflammen und brennend zu erhalten.

Anhand der Achten Stunde des Nykthemeron sagten wir, daß jeder Mensch mit den magnetischen Strahlungen, die von ihm ausgehen, eine Sprache spricht. Diese Strahlungen sind wie eine Schrift, mit welcher der Mensch die unumstößliche Wahrheit seiner Art und seines Wesens festlegt und in den ihn umgebenden Raum projiziert. In der Wurzel der magnetischen Strahlungen, also im dritten Geheimnis der Neunten Stunde, lernt die Geistseele die »Ursache« dieser Schrift der magnetischen Strahlung verstehen. Und da der natürliche Mensch naturgemäß eine unheilige, ungöttliche magnetische Sprache spricht, können jene, welche die Ursache, die Wurzel dieser Unheiligkeit bei einem Menschen aufspüren und bis in die tiefste Tiefe zu ergründen vermögen, einem solchen Menschen am besten helfen. Im Geheimnis der Kräfte der Neunten Stunde müssen Sie hauptsächlich das Nützlichkeitselement sehen, den Aspekt des Dienens.

Was ist nützlich, um den Schmerz der Menschheit zu lindern oder hinwegnehmen zu können? Was ist nützlich, um die Menschheit auf dem Pfad des Heils aufzurichten?

Um dieses Liebeswerk verrichten zu können, werden der transfigurierten Seele die Geheimnisse der Neunten Stunde entschleiert. Dazu gehört unter anderem das Wissen um die Wurzel der magnetischen Strahlungen. Denn es ist klar, daß die Wege und Drehungen eines jeden Mikrokosmos am Rad der Geburt und des Todes einen individuellen Charakter zeigen, obwohl es eine fundamentale Wurzel des Niederganges des dialektischen menschlichen Geschlechts gibt. Es ist also eine ganz »eigene« Wurzel der magnetischen Strahlungen vorhanden. So wird das Erfassen des dritten Geheimnisses der

Neunten Stunde durch den Transfiguristen für alle, die in Not sind, zu einem großen Segen.

Das vierte Geheimnis der Neunten Stunde ist das Vermögen, alles zu erkennen, was nicht im ursprünglichen Plan beschlossen ist. Sie werden verstehen, daß dieses für den Eingeweihten ein herrliches und wahrhaft göttliches Vermögen ist. Im astralen Feld des geoffenbarten Raumes im siebenten kosmischen Gebiet existieren Milliarden Manifestationen unendlich verschiedener Art. Wer könnte inmitten eines so unendlich variierten Lebens mühelos den rechten Weg finden?

Das dritte und das vierte Vermögen der Neunten Stunde bilden ein unfehlbares Hilfsmittel, um ohne jede Gefahr den großen herrlichen Weg des Menschheitsdienstes, den Weg der Urgnosis und ihrer Söhne und Töchter beschreiten zu können.

II Das fünfte Geheimnis

Vier von den sieben Geheimnissen der Neunten Stunde haben wir behandelt. Das erste Geheimnis bezieht sich auf die Kraft zur Wiederherstellung des Gartens der Götter, das zweite Geheimnis wird als die Beherrschung der magischen Feuer bezeichnet, das dritte Geheimnis als die Wurzel der magnetischen Strahlungen, und das vierte Geheimnis umschließt das Vermögen, alles zu erkennen, was nicht im ursprünglichen Plan beschlossen ist. Wir entdeckten, daß es zur Aufgabe jedes Seelenmenschen gehört, nach dem befreienden Eintritt in den neuen Lebenszustand, aus diesem

Lebenszustand im siebenten kosmischen Gebiet, dem Gebiet, das er als naturgeborener Mensch verlassen hat, zu wirken. Das ist die Bedeutung des Wortes, daß der Mensch einmal, nachdem er befreit ist, wiederum das Erdreich ererben wird. Die Rückkehr zum siebenten kosmischen Gebiet bedeutet in dieser Situation also nicht ein erneutes Untertauchen in die Welt der Dialektik, gebunden an das Rad der Geburt und des Todes, sondern es bedeutet, als wahrhafter Mensch in der großen Werkstätte, dem siebenten kosmischen Gebiet, auf der Basis des befreiten Lebens zu wirken. Damit wird dann der Gottesplan erfüllt und die Degeneration der Widernatur aufgehoben. Um diesen großen und herrlichen Auftrag erfüllen zu können, empfängt der befreite Mensch dazu die Kraft und das Vermögen. Das ist die Kraft des ersten Geheimnisses.

Der befreite Mensch besitzt also das Vermögen, die in der Ursubstanz latent ruhenden neunundvierzig heiligen Feuer zur Ehre und zur Erfüllung des Gottesplanes zu gebrauchen und anzuwenden. Das ist das Vermögen des zweiten Geheimnisses.

Und da der Garten der Götter voller Wirrwarr und Unkraut ist und sich ein unheiliges Leben darin vollzieht, ein Leben der größten Mannigfaltigkeit, ist es verständlich, daß der Arbeiter im Garten der Götter auch mit dem Vermögen des dritten Geheimnisses ausgestattet sein muß, nämlich mit der Fähigkeit, die Sprache der magnetischen Strahlungen bis in die tiefste Tiefe zu ergründen.

Also kann er, viertens, alles erkennen, was dem großen Plan nicht entspricht und ferner allen denen, die um Hilfe ringen, die einzig wahre Hilfe schenken.

Die befreite Seele, die ihrem Pymander begegnet ist, verfügt jedoch über noch drei weitere Vermögen. Sie kennt, fünftens, *das große Gesetz des Gleichgewichtes und der Bewegung*. Um dieses zu verstehen, müssen Sie erkennen, daß die Alloffenbarung von einem universellen Gesetz regiert wird. Das siebente kosmische Gebiet, um das es in der Neunten Stunde des Nykthemeron geht, der Garten der Götter oder die große alchimische Werkstatt, wird von einem Grundgedanken, von einer Basis-Formel beherrscht. In jedem Atom der Ursubstanz des siebenten kosmischen Gebietes liegt dieser Grundgedanke verborgen. Deshalb ist es klar, warum die hermetische Gnosis in dieser Beziehung von der universellen Sonne, von *Abraxas* spricht. Es ist die universelle Sonne, die alles beherrscht, die allem Leben schenkt und schließlich alles lenkt. Von diesem Urprinzip der Substanz gehen vier Emanationen aus, vier Aspekte, vier Kräfte kommen aus dem universellen Licht. Man nennt sie die vier Herren des Schicksals oder die vier heiligen Tiere, die vier Sonnenpferde oder die vier Evangelisten. Die vier Sonnenpferde des Abraxas stellen die in allem verborgenen und versunkenen vier Strömungen oder Emanationen des ewigen Willens, der Weisheit, der Wirksamkeit und vor allem der Liebe dar, welche die Höchste und Mächtigste ist, das Sonnenpferd, das als das vitalste und dynamischste gilt.

Sie können sich vorstellen, daß im Gottesplan nichts enthalten sein kann, was nicht aus dieser universellen Sonne Abraxas und ihren vier Emanationen hervorgeht. Die große Werkstatt, die wir den Garten der Götter nennen, ist das potentielle Paradies, in das, wie gesagt, der wahre Gottessohn hineingeht, um den Gottesplan zu verwirklichen.

Ausgangspunkt für jedes Gotteskind sind die vier Emanationen in vollkommenem Gleichgewicht und harmonischer Bewegung: Liebe, Weisheit, Wille und Wirksamkeit. Viele Menschen sind sehr weise. Andere wieder besitzen einen mächtigen Willen, stark wie ein Orkan, einige zeichnen sich durch außerordentliche Tätigkeit aus, sie sind immer beschäftigt. Aber liegt allem, was Sie in Ihrer Weisheit bedenken, was Sie in Ihrer dynamischen Unerschütterlichkeit wollen, was Sie in Ihrer Tätigkeit tun, die Liebe zugrunde? Wenn die Liebe als das Höchste und Mächtigste fehlt, oder wenn sie nur teilweise da ist oder Unterschiede macht, wenn sie nicht alles und alle umfängt, dann fällt Ihnen alles aus den Händen, dann werden Sie niemals Erfolg haben oder er wird Ihnen wieder genommen. Dann machen Sie mit unzähligen anderen den Garten der Götter zu einer Wildnis, zu einem Düngerhaufen, zu einer Pestbeule, wie die Bibel sagt. Und das ist im Lauf der Zeiten geschehen.

Die vier Herren des Schicksals, die vier Herren *Ihres* Schicksals wirken immer zusammen. Es ist immer »Liebe« in einem dialektischen Menschen, wie verdreht und verdorben, wie zerschlagen und besudelt sie auch sein mag, zum Beispiel Liebe als loderndes Begehren nach Besitz und Materie, oder Liebe als gewaltiger Stolz, eventuell Liebe als glühender Haß. Wissen Sie, daß Haß ein Ausdruck der Liebe ist? Der entsetzliche, abscheuliche Haß ist ein Ausdruck, eine vulkanische Eruption der ersten Emanation der Ursubstanz, die jedoch aus ihrer Ordnung gestoßen ist. Diese Liebe weiß keinen Rat mehr, besitzt keine Weisheit. Es ist ein mächtiges Verlangen, das wie eine Höllenglut ausbricht, um zu verzehren und zu vernichten. Wenn Sie diese Kraft der Liebe, die erste Emanation des Abraxas, nicht auf die rechte Weise zu ordnen wissen, wenn Sie ihr nicht absolut entsprechen können, dann bleibt der Garten der Götter eine Wildnis, ein Meer aus loderndem Feuer. Soweit die Fernrohre in den Raum hinausreichen, werden dann stets Flammenzungen gesehen werden.

Ihre spontane Reaktion auf diese Worte ist natürlich eine Klage: »Ach, wie hoffnungslos versage ich! Was soll denn aus mir werden?« »Nichts!« ist die Antwort, denn das Feuer der Gegennatur verbrennt Sie. Niemand ist gut. Alle sind vom Anfang abgewichen. Darum müssen Sie zum Anfang zurückkehren, zum Beginn des lebenden Seelenzustandes.

Wenn dieser Beginn erreicht ist, dann sind Sie imstande, Abraxas mit seinen vier Sonnenpferden in sich selbst ins Gleichgewicht zu bringen und aus diesem Gleichgewicht die wahre Bewegung hervorzubringen. Dann werden Sie im Garten der Götter die eine wahre und befreiende Arbeit verrichten, in der gesamten vierfachen Kraft der Liebe, der Weisheit, des Willens und der Wirksamkeit. Erst dann erkennen und kennen Sie die Liebe in ihrer vollen Wirklichkeit. Sie erfahren sie und strahlen sie aus. Dann werden Sie nicht sagen: »O Gott, wie danke ich Dir, erlöst zu sein aus dem Jammertal, aus dem Düngerhaufen, befreit zu sein von dieser verfluchten und bösen Welt«, sondern Sie werden, von der Liebe gezwungen, wie ein Meteor herabschießen, sogar bis in die tiefsten Tiefen des Höllenschlundes, um alle, die im revoltierenden Feuer der vier Emanationen verloren sind, mit Ihrem Mitleid und mit dem geordneten, ins Gleichgewicht gebrachten Feuer zu umfangen, ihnen zu helfen und sie auf den Pfad zu drängen.

Wenn Sie etwas davon besitzen, wenn Sie etwas davon verstehen, machen Sie keinen Unterschied mehr zwischen Freund und Feind. Dann senden Sie nicht mehr dem einen Ihre Liebe, oder was Sie dafür halten, und dem anderen Ihren Haß, Ihre Entrüstung oder Ihren flammenden Protest. Dann verstehen Sie, daß alle abgewichen sind, daß alle unter gleichen Umständen gleich handeln und daß in der Weltgeschichte dafür Beweise im Überfluß vorhanden sind. Darum werden Sie Ihre Liebeskraft, das vitalste Sonnenpferd des Abraxas, zu allen senden.

Gleichzeitig werden Sie jedoch verstehen, daß dann in Ihrem Wesen keine Feindschaft, kein Widerstand, keine Trennung nach Sympathie und Antipathie mehr sein kann und sein darf. Die Liebe des Evangelisten Johannes wendet sich in ihrer Wirksamkeit zuerst und am stärksten allem zu, was Feind genannt werden kann, allem, was das stärkste Gift besitzt, denn das Gift des Drachens – das unheilige Feuer des Hasses – das die Welt so vergiftet, muß zuerst bezwungen und umgewandelt werden. »Liebet eure Feinde, segnet, die euch fluchen, tut wohl denen, die euch hassen; bittet für die, die euch beleidigen und verfolgen, auf daß ihr Kinder seid eures Vaters im Himmel« (Matthäus 5, 44).

Es ist ein wohlbekanntes Bild, das Hermes Trismegistos darstellt, wie er seinen Fuß auf den Drachen setzt. Der Drache ist bezwungen, sein kraftlos gewordener Körper speit den letzten flammenden Geifer aus; und in der hocherhobenen Rechten hält Hermes die Tabula Smaragdina ins volle Licht. Daraus entsteigt der Ibis, das Mysterientier, geweiht der Liebe, dem Willen, der Weisheit und der Wirksamkeit, also Abraxas und seine vier Emanationen.

Diese Weisheit der Neunten Stunde des Nykthemeron wollen wir Ihnen zum Trost und Segen übermitteln.

III Das sechste und siebente Geheimnis

Im vorigen Abschnitt vertieften wir uns in die Bedeutung des Abraxas und seiner vier Emanationen. Abraxas ist die Urkraft Gottes, die in jedem Atom verborgen liegt und somit überall zu finden ist. In dem ganzen weiten Raum gibt es keinen Platz, da diese Urkraft nicht anwesend ist. Die Urkraft befähigt den wahren Menschen, den Plan Gottes, der dem All zugrundeliegt, zu vollbringen. Aus diesem Grund wird das siebente kosmische Gebiet »der Garten der Götter« genannt, die große alchimische Werkstatt. Dort muß der wahre, aus Gott geborene Mensch eintreten, um durch sein Wirken die Idee Gottes »groß« zu machen. Darum wird in der Bibel gesagt, daß der Mensch Gott zur Ehre geschaffen ist, erschaffen, um Gottes Majestät zu erhöhen; und darum spricht die hermetische Philosophie von Abraxas und seinen vier Emanationen.

Die Urkraft Gottes schließt vier andere Eigenschaften in sich ein: Liebe, Weisheit, Wille und Wirksamkeit. Das fundamentale Prinzip der Ursubstanz und die daraus hervorgehenden vier Emanationen verhalten sich zueinander wie ein fünfzackiger Stern, strahlend in Glanz und Majestät wie eine universelle Sonne, wie Abraxas. Wer auf die rechte und einzig mögliche Art die versunkenen Kräfte in der Ursubstanz freilegen und zum Leben anwenden will, muß alle Geheimnisse der Formel gut kennen und sie in der richtigen Reihenfolge anwenden.

Zuerst geht es um die Liebe in ihrer höchsten und reinsten Ansicht, um die Liebe in ihrer absoluten Ungeteiltheit, alles und alle umfangend, ganz gleich, in welchem Seinszustand sich ein Gotteskind auch befindet. Mit dieser Liebe muß jeder Konflikt, jede Kristallisation, jede Dummheit und die Macht der Dummheit behandelt werden. Von dieser Liebe hat jeder Arbeiter im Erntefeld auszugehen. Wenn man so in die große Werkstätte einzutreten vermag, dann entwickelt sich Weisheit. Keine Verstandestätigkeit, sondern Weisheit, die den Plan erfaßt, die jede Situation und jede Lebenserscheinung in ihrem Seinszustand ergründet, so daß sich auf dieser Basis die rechte Willensmagie und die rechte Wirksamkeit entwickeln können.

Wir besprachen dieses alles, und hier schließt nun das sechste Geheimnis der Neunten Stunde an: *Der Schlüssel zur Befreiung der Körper und der Seelen, der alle Gefängnisse öffnet.*
Die Kräfte, die vom sechsten Geheimnis ausgehen, sind in ihrer Anwendung vor allem für die Gotteskinder der menschlichen Lebenswelle bestimmt, die das heilige Gesetz der universellen Sonne forciert und die Ursubstanz auf falsche Weise angewandt haben, wodurch die Urkraft, die darin enthalten ist, chaotisch frei wurde – mit allen entsprechenden furchtbaren unheiligen Folgen.
Sie kennen die allgemeinen Eigenschaften der Materie. Man vermag Atome zusammenzufügen und zu spalten. Man kann sie zu verschiedenen Elementen zusammenstellen. Man kann durch Zusammenfügung von Elementen und Atomen in rechter Ordnung Leben erzeugen, Leben

hervorrufen. Im siebenten kosmischen Gebiet sind viele Entitäten wirksam, die eine solche schöpferische Arbeit verrichten können. Der Biologe, der die Myriaden Lebenserscheinungen im Pflanzen- und Tierreich erforscht, steht staunend und voller Ehrfurcht davor. Alle diese Lebenserscheinungen in ihrer Mannigfaltigkeit sind jedoch nur der Beweis für die allgemeinen Eigenschaften der Materie. Die wahre Art der Urmaterie erklären sie nicht.

Wir sagen Ihnen, wenn man sich der Materie an der Hand der universellen Sonne, an der Hand des Abraxas nähert, wenn man vermag, das Gesetz der vier Emanationen anzuwenden, erst dann wird man die wahre göttliche Art der Materie entschleiern. Aber es ist klar, daß es dann notwendig ist, daß nicht nur die Folgen der Unheiligkeit beseitigt werden, sondern bereits die Ursachen der Unheiligkeit hinweggenommen sind. Eine Quelle für Chaos und Zerrüttung wird ja immer wieder erneut Chaos und Zerrüttung hervorrufen. Darum muß zunächst diese Quelle beseitigt werden.

Dachten Sie, daß die Gefahr, die durch die Kernwissenschaft über der Menschheit aufgerufen ist, durch ein Verbot der Atomwaffen zu neutralisieren wäre? Oder etwa durch gegenseitige Abkommen? Außer nach Sicherheit für sich, sein Volk und sein Land, sucht der Mensch nämlich auch nach Energie. Denn die Menschheit benötigt Licht und Kraft, um ihr Dasein instandzuhalten. Gerade durch die »friedliche« Anwendung der Kernwissenschaft wird ein fürchterliches Unheil über die Menschheit hereinbrechen, so wie es immer im Lauf der Sternenjahre geschehen ist.

Nein, jene, die in den Garten der Götter eintreten, um

Gottes Glorie zu erhöhen und Gottes Plan zu verwirklichen, sind selbstverständlich verpflichtet, zunächst die Unordnung aufzuheben, und zwar nicht, indem sie eine Theokratie gründen, wie die Anstifter des Großen Spiels*, sondern indem sie die verlorene, gefangene und verirrte Menschheit wieder nach Hause bringen, zurück zu ihrem einstigen Ausgangspunkt, zur Seelenwelt.

Dafür setzt die universelle Gnosis sich ein, und darum geht der eingeweihte Bruder oder die eingeweihte Schwester, nachdem die eigene Heimkehr gefeiert werden konnte, zu allem aus, was verloren ist, zu allem, was gefangen ist. Dazu dient das Vermögen des sechsten Geheimnisses: *Der Schlüssel zur Befreiung der Körper und der Seelen, der alle Gefängnisse öffnet.*

Sie ahnen vielleicht schon etwas von der ungeheuren Gewalt dieses Vermögens, denn dieses Geheimnis enthält die Formel zur vollständigen Spaltung und Anwendung der Kräfte des Atoms, eine Formel, die selbstverständlich und logisch hervorgeht aus dem fünften Geheimnis, aus Abraxas.

Wie gesagt, in jedem Atom liegt die fundamentale Weisheit beschlossen, die Urweisheit des Gottesplans, eine Kraft zur Realisierung, ein magisches Vermögen also, um die fundamentale Weisheit zu beweisen und auszutragen. Es ist eine Wirksamkeit, die dauerhaft sein kann, wenn durch die alles tragende Kraft der Liebe das Ganze frei und motorisch wird. Mit anderen Worten, ein gnostisch Befreiter, der in die große Werkstätte eintritt, besitzt die Fähigkeit, die Art

---

* Siehe Jan van Rijckenborgh, *Demaskierung*. Rozekruis Pers, Haarlem, 1992.

der Körper, die atomare Zusammensetzung dieser Körper nach Belieben zu verändern. Er ist also in der Lage, die Formel, die einer Lebensoffenbarung zugrundeliegt, vollkommen umzuwandeln, um so eine eingekerkerte Seele, einen gefesselten Geistfunken aus dem Gefängnis zu befreien. Es ist das Vermögen, alles dialektisch Bestehende in einem einzigen heftigen Brand der Vernichtung aufzulösen.

Sie verstehen sicher, daß ein solches Vermögen unmöglich zur Auflösung unserer entgleisten Weltordnung angewandt werden kann oder angewandt werden darf. Welchen befreienden Nutzeffekt sollte das für Entitäten haben, die ein Teil dieser Unordnung sind und den augenblicklichen Zustand ins Leben gerufen haben? Wer in Unwissenheit erlöst wird, wird immer wieder erneut in dieselben Fehler verfallen.

Darum muß die Praxis des sechsten Geheimnisses mit der des siebenten Geheimnisses der Neunten Stunde zusammenwirken. Das siebente Geheimnis erschließt *die Kraft der ewigen Wahl*. Mit dieser Kraft führt die gnostische Geistesschule ihre rettende Arbeit aus im Dienst aller, die kommen und hören wollen.

Die gnostische Geistesschule will im Menschen die Kraft der ewigen Wahl verankern. Diese Kraft befähigt den Menschen, die rechte Wahl zu treffen, die rechte Wahl zwischen den beiden Pfaden, dem abwärtsführenden Pfad und dem befreienden Pfad zur Seelenwiedergeburt. Es ist eine Kraft, die dem Menschen ermöglicht, seine Wahl zu einer neuen ewigen Wahl zu machen, zu einem neuen Vermögen. Der Mensch muß diese Wahl, dem Sinn des fünften Geheimnisses entsprechend, lieb gewinnen, er muß die Weisheit, die darin liegt, erkennen und sie für sich selbst freilegen. Dann wird der Wille sich auf die eine magische Wirksamkeit konzentrieren, die zum befreienden Leben führen kann. Mit Hilfe der Kraft der freien ewigen Wahl führt die Gnosis alle, die freiwillig zu ihr kommen, die sich freiwillig einsetzen, um an dem heiligen Priestertum nach der Ordnung Melchisedeks Anteil zu erhalten, bis über die Grenze eines hiermit zusammenhängenden Prozesses, und von da aus weiter, von Herrlichkeit zu Herrlichkeit, mit immer größerer Schnelligkeit.

So verstehen Sie wohl, daß die Kraft der ewigen Wahl, die Kraft des siebenten Geheimnisses, das methodische und prozeßmäßige Anwenden der Kraft und des Vermögens des sechsten Geheimnisses betrifft, des Schlüssels, der alle Gefängnisse öffnet. Es ist das Überwinden des Todes durch vollständige Selbstübergabe an den Lebenden Körper der Geistesschule.

Auf diese Weise wird nun seit dem Niedergang der Adamitischen Menschheit für Welt und Menschheit gearbeitet, um die Folgen der Sünde restlos hinwegzunehmen und das verfallene Paradies in der alten Glorie wiederherzustellen. Richten Sie sich daher auf an der so großen Liebe, die sich Ihnen in den Söhnen Gottes nähert und Sie umfangen hält. Es ist gewiß, wenn es der Gnosis gelingt, Ihre Seele zu retten und sie in der Kraft der ewigen Wahl zu verankern, dann werden Ihr ganzes Gefängnis und all Ihre Ketten, wie schwer sie auch sein mögen, hinweggenommen durch das gewaltige Vermögen der Söhne Gottes, durch den Schlüssel, der alle Gefängnisse öffnet. Die gnostische Geistesschule bedeutet für den Menschen keine Einweihung, sondern eine totale Erlösung, die Transfiguration seiner gesamten Wesenheit.

Der Schlüssel für den astronomischen Zyklus und den Kreislauf des Menschenlebens.

Zehnte Stunde

Wir sind nun bei der zehnten Phase des Werdegangs zum Gottmenschen angelangt, die Zehnte Stunde ist angebrochen. Wir haben Ihnen die Bedeutung der Neunten Stunde so ausführlich wie möglich erklärt. Wir sahen, wie der dazu geeignete priesterliche gnostische Mensch in den Garten der Götter geht, um alles, was darin entartet ist und verlorenzugehen droht, zu retten, wiederherzustellen und heimzubringen. Außerdem besprachen wir die Vermögen, welche der gnostisch-magische Mensch dafür besitzt. Sie sind wie ein Schlüssel, der wahrlich imstande ist, alle Gefängnisse zu öffnen. Wenn der Kandidat die Neunte Stunde durchschritten hat, ist er für seinen Auftrag als Arbeiter im großen Weinberg vollkommen ausgerüstet. Die Zahl *neun*, die letzte der Zahlen, ist magisch gesehen die Zahl des Menschen. Es ist die Zahl der Verherrlichung und des Erreichens, und daher entfesselt sie eine große Kraft.

Nun verstehen Sie auch, daß die Zahl *zehn* den Beginn eines neuen Zyklus bedeutet, in welchem eine neue Entwicklungsreihe auf einem höheren Plan beginnt. Oder anders gesagt, es öffnet sich vor Ihnen, die Sie versuchen, diesen großen Entwicklungsgang von außen her wahrzunehmen, eine weite Perspektive in dem gewaltigen Umfang der Bemühungen der Söhne Gottes. In der Zehnten Stunde ist es für den Arbeiter nämlich notwendig, die Manifestationen der Entartung in ihrem Zusammenhang und nicht so sehr in ihren Details zu sehen. Deshalb empfängt er *den Schlüssel für den astronomischen Zyklus und den Kreislauf des Menschenlebens.*

Damit die Zehnte Stunde verstanden wird, müssen wir Sie auf die Strahlungsgesetze und Strahlungskräfte hinweisen, die den großen Raum des siebenten kosmischen Gebietes beherrschen. Es sind die Strahlungskräfte des gewaltigen Naturreiches, die ihre Umlaufbahnen beschreiben und somit in verschiedenen unterschiedlichen Zyklen in ihrer Wirksamkeit zunehmen und abnehmen. Man könnte sie die »große Seele« des natürlichen Raumes nennen, und in der gnostischen Kosmologie heißen sie *Äonen.* Diese Äonen wirken selbstverständlich zusammen. Das äußere Bild dieses Zusammenwirkens möge für Ihre Begriffe noch so chaotisch oder voller Spannung und Streit sein, ihr notwendiger und in seiner Auswirkung fehlerloser Zusammenhang ist dennoch eine Tatsache. Durch diese Strahlungskräfte an das eine Gesetz gebunden und daraus zu erklären, beweist das siebente kosmische Gebiet seine Aufgabe, nämlich, der alchimische Garten oder Arbeitsplatz, der Garten der Götter des gesamten interkosmischen Raums zu sein.

Nehmen Sie einmal an, Sie würden ein alchimisches Laboratorium betreten und dort viele Kolben und Retorten sehen, gefüllt mit Pulvern und Flüssigkeiten in verschiedenen Farben und Arten. Unter diesen Pulvern und Flüssigkeiten gibt es höchst gefährliche, giftige und explosive.

Wenn man sie ohne Kenntnis, also nicht ihrem Zweck und Ziel entsprechend behandeln und anwenden würde, entstünde daraus größtes Unheil. Aber sind deshalb alle Präparate im Wesen schlecht oder böse? Absolut nicht! Sie sind unpersönlich, völlig neutral. Sie besitzen eine Kraft, eine Möglichkeit, eine Art. Diese Kraft kann heilsam, befreiend, das Ziel verwirklichend angewandt werden, wenn der Anwender das Ziel kennt und diesem Ziel nachstrebt. Dann kann sich eine hohe Güte und Wahrheit offenbaren.

Darum bestimmt der Benutzer der Kraft die Auswirkung. Es ist der Alchimist, der Mensch, der die Äonen zur Bösartigkeit führt. Es ist der Alchimist, der das Gute oder Schlechte entfesselt. Es ist dem Alchimisten daher auch von Anfang an untersagt, in experimentellem oder naturwissenschaftlichem Sinn vom Baum der Erkenntnis des Guten und des Bösen zu essen, denn auf diese Weise wurde und wird das Feuer im siebenten kosmischen Gebiet entfacht und wurden das Gute und das Böse unserer Anschauung und Erfahrung nach entbunden.

Darf man denn die hohe Güte der alchimischen Kraft nicht befreien? Das darf man, ja, dazu ist der Gottessohn berufen, wenn er sich im vollkommenen Wissen und aus innerlichem Drängen dem einen Gesetz und der einen Führung des Lebensbaumes fügt, der in der Mitte des Gartens steht.

So können Sie sich vorstellen, wie einmal im Raum »das Feuer« angezündet wurde, die Flammen der Disharmonie und der gewaltsamen Zerbrechung, und wie eine Kettenreaktion entstand, in deren Verlauf ein Feuer das andere entfesselte. So wurde im All die Bosheit erkennbar, und es entstanden gute und schlechte Äonen. Unzählige Entitäten wurden von dem Flammenspiel erfaßt und versanken während ihrer Formoffenbarung in Degenerationen. Das Wesen und die Kraft der Bosheit offenbarten sich in ihrem atomaren Zustand. Daneben jedoch entstand wie bei einem Ertrinkenden, der nach Luft ringt, ein intensiver Drang nach Güte, nach Sicherheit, nach Ruhe, Gleichgewicht und Liebe.

Der von diesem Unheil ergriffene Mensch wurde zwischen Gut und Böse hin- und hergerissen, das Gute suchend, aber nicht imstande, dem Bösen zu entkommen. Kennen Sie nicht den Herzensschrei des Paulus: »Wenn ich das Gute tun will, tue ich das Böse«? Das ist das Verhängnis der Dialektik, das Sie ergriffen hat, und zwar der Natur nach bis in Mark und Bein; denn im All des siebenten kosmischen Gebietes ist das unheilige Feuer entflammt.

Man kann fragen: »Wie ist es unter diesen Umständen möglich, daß der ganze Raum mit all seinen Kreaturen nicht untergegangen ist?« Weil die Gottessöhne in diese Unordnung eingriffen. Sie trennten, so erzählen die alten Berichte, den Raum in zwei Teile, in einen Raum, in dem die göttliche Ordnung herrscht, und in einen Raum, in dem die Unordnung des Feuers Gut und Böse offenbart. Dieser Raum aber wurde gleichsam abgeschlossen. Das wahre Paradies, der Garten der Götter, ist für die Kinder des Ungehorsams unzugänglich geworden.

Waren die Gottessöhne denn nicht imstande, den ganzen Raum zu seinem früheren Zustand zurückzuführen? Selbstverständlich besaßen sie die Macht. Wenn das jedoch geschehen wäre, würden die unzähligen Entitäten, die Opfer des Unheils geworden und infolgedessen total desorganisiert waren und ihrer neuen Art entsprechende Formoffenbarungen erhalten hatten, nicht fähig gewesen sein, der Wiederherstellung teilhaftig zu werden, und dadurch wäre neues Unheil geschaffen worden.

Darum wurde das Wahre vom Unwahren getrennt. Das Unwahre wurde, mit allem, was darin enthalten war, als eine Notordnung für den Menschen abgeschlossen. Es wurde einem Rettungsplan unterworfen, einem System von sieben Strahlungsgesetzen, damit das wahre Leben aus Tod und Not prozeßmäßig wieder frei werde durch die Wirksamkeit des Lichtes, das als ein fünfzackiger Stern mit sieben Eigenschaften in der Nacht des abgeschlossenen Daseins des Menschen strahlt.

Dieses Licht wird der Stern von Bethlehem genannt. Darum riefen die Brüder und Schwestern der alten Bruderschaften »die schönen und herrlichen Tröstungen von Bethlehem« für einander auf, das bedeutet, die Transfiguration, die große Wiederherstellung durch das befreiende Licht.

Wer nun in die Zehnte Stunde eintritt, empfängt *die Schlüssel für den astronomischen Zyklus und den Kreislauf des Menschenlebens.* Er wird ein Teilhaber am Stern von Bethlehem, am lebenden Körper der Gnosis.

Was bedeutet der Besitz dieser Schlüssel? Wir lesen darüber:

Wir befinden uns hier auf brennendem Boden, und man muß uns zugestehen, daß wir Nicht-Eingeweihten nicht den Teufel erklären, der ihr Meister ist, weder den Kindermörder, der ihre Liebe ist, noch die Habsucht, die ihr Gott ist, auch nicht die Hunde, mit denen wir sie jedoch nicht vergleichen wollen, weder den Stein Onyx, der ihnen entgeht, noch die Vampire, die sie verführen, und auch nicht den falschen Schein, den sie für Wahrheit halten.

Das gefallene menschliche Geschlecht ist zu einem großen Teil von der Bosheit besessen. Von vielen kann gesagt werden, daß das Teuflische ihren Lebensweg beherrscht. Wenn das Licht von Bethlehem sie berührt und gleichsam eine neue Möglichkeit in ihnen erweckt hat, dann sind die Kindermörder des Herodes da, um das Begonnene sofort zu töten. Ein Symptom des naturgeborenen Menschen ist weiterhin die grenzenlose Habsucht, die teils aus Angst, teils aus steinharter Ichzentralität entsteht.

Es gibt aber auch Unzählige, die völlig in dem Wahn wahrer Menschlichkeit aufgehen. Sie bilden sich ein, Menschen aus Gottes Geschlecht zu sein, und sie geben diesem Wahn Ausdruck und Form. Sie wissen nicht, daß sie, verglichen mit dem Gottmenschen, zu dem auch sie berufen sind, wie »Hunde« sind. Sie huldigen alle dem in der Magie so bekannten Onyx. Sie wissen vielleicht, daß der Onyx in seiner reinsten Form weiße und schwarze Streifen zeigt. Daher ist der Onyx ein Symbol für das entfesselte Gute und Böse in der Todesnatur. Der naturgeborene Mensch wird durch den Onyx fortwährend in Raserei versetzt, weil die Ansichten weiß und schwarz immer relativ und untereinander auswechselbar sind: »Wenn ich das Gute tun will...«

Schließlich entdecken wir, daß das Atemfeld des naturgeborenen Menschen voller Vampire mit ihren widerlichen Praktiken ist, und daß auf diese Weise in dem ganzen naturgeborenen Lebenszustand ein intensiver falscher Schein unaufhörlich an die Stelle des Sterns von Bethlehem tritt.

Wer nun als ein mit den Vermögen ausgestatteter Arbeiter in der Zehnten Stunde das Ganze übersieht, erkennt, daß es keinen Sinn hat, ausschließlich den gefallenen Menschen als Individualität zu sehen und ihm zu helfen, sondern daß gleichzeitig die kosmischen Umstände seines Lebensfeldes prozeßmäßig angegriffen werden müssen. Denn der Mensch kann nicht anders sein, als er durch seine Gefangenschaft im Kerker der disharmonisch entbundenen Naturkräfte geworden ist. Darum bringt das Licht von Bethlehem zwei Heilswirkungen. Eine kommt von oben herab durch die Wirksamkeit der Strahlungsgesetze, nämlich die regenerierende Wirksamkeit zur Veränderung der kosmischen Verhältnisse, die den abgeschlossenen Raum schließlich wieder mit dem Gebiet des Lebensbaumes vereinigen werden. Aus diesem Grund heißt es, daß Christus durch den Einsatz dieser Wirksamkeit die Welt überwunden hat, daß Er die Sünde der Welt hinweggenommen hat und die ganze Welt Ihm überantwortet ist. Neben dieser Hilfe von oben her gibt es die Wirksamkeit zum Dienst des einzelnen Menschen, der wirklich das Licht von Bethlehem sucht.

Sie werden verstehen, daß durch den Menschen, der *die Schlüssel für den astronomischen Zyklus und den Kreislauf des Menschenlebens,* also die Schlüssel der Zehnten Stunde erhalten hat, schließlich jede gefallene Entität in das universelle Licht emporgehoben wird und die Flammen des kosmischen Feuers gelöscht werden, daß aller Schein sich in Nebel auflöst und das Teuflische sich im Kern als wesenlos erweist. Das ist das gnadenvolle Geheimnis der Zehnten Stunde.

Mögen die schönen und herrlichen Tröstungen von Bethlehem bald auch über Sie ausgegossen werden.

Die Flügel der Genien rauschen ge-
heimnisvoll. Sie fliegen von Sphäre
zu Sphäre und bringen Gottes Bot-
schaft von Welt zu Welt.

Elfte Stunde

Mit der Besprechung der Elften Stunde nähern wir uns dem Ende der Heimreise zum Vater. Aus diesem Grund wird die Gestalt auf dem Pfad, die wir gemeinsam durch alle Stunden begleiteten, für Ihre Augen nun vielleicht immer vager und abstrakter, stets weniger klar umrissen. Dennoch müssen Sie weiter, damit Sie bald das Gesamte übersehen und als Führer zum Leben gebrauchen können. So wollen wir denn versuchen, die Elfte Stunde zu analysieren, weil es aus mehr als einem Grund notwendig ist.

Sie vernahmen in der Zehnten Stunde, daß es zwei Wirkungen des Heils gibt. Eine kommt gleichsam von oben her durch die Wirksamkeit der Strahlungsgesetze, das ist eine regenerierende Wirksamkeit, um die kosmischen Verhältnisse prozeßmäßig zu verändern, damit der abgeschlossene Raum der Dialektik sich schließlich wieder mit dem Gebiet des Lebensbaumes vereinigen wird. Daneben gibt es die Wirksamkeit im Dienst des einzelnen Menschen, der wirklich das Licht von Bethlehem sucht. Der dialektische Mikrokosmos dreht sich am Rad der Geburt und des Todes, im abgeschlossenen Raum der Todesnatur. Der eingeweihte

Arbeiter der Zehnten Stunde empfängt nun einerseits den Schlüssel für diesen astronomischen Zyklus der Abgeschlossenheit und des Todes, aber andererseits empfängt er den Schlüssel für den Kreislauf des Menschenlebens innerhalb dieses Todes, damit schließlich alle gefallenen Entitäten in das universelle Licht emporgehoben und alle Flammen des kosmischen Feuers im abgeschlossenen Raum gelöscht werden.

Die Elfte Stunde sagt:

Die Flügel der Genien rauschen geheimnisvoll. Sie fliegen von Sphäre zu Sphäre und bringen Gottes Botschaft von Welt zu Welt.

Sie verstehen, daß dieser Text sich auf den Auftrag bezieht, der dem eingeweihten Arbeiter in der Zehnten Stunde auf die Schultern gelegt wurde. Die Elfte Stunde offenbart uns die Praxis der gnostischen Eingeweihten, da sie die Todesnatur und alles, was sich darin bewegt, aufheben und retten wollen und so ihr Arbeitsfeld in diesem gigantischen, großen Raum des siebenten kosmischen Gebietes finden müssen. Es wird Ihnen klar sein, welch eine enorme Arbeit diesem Streben zugrundeliegt und mit welchen gewaltigen Kräften und Möglichkeiten die eingeweihten Arbeiter ausgestattet sein müssen. Diese mit dem Arbeiter verbundenen Kräfte und Möglichkeiten werden *die Flügel der Genien* genannt. Ein Genius ist eine mit einem neuen schöpferischen Vermögen ausgerüstete Wesenheit. Im gnostischen Sinn lenkt dieses die Aufmerksamkeit auf die außerordentliche Kraft besonderer Art, mit welcher der gnostische Magier arbeiten darf. Die Diener der Elften Stunde breiten die

Flügel ihres gnostisch-magischen Vermögens aus und erfüllen ihre Aufgabe, wo es nur möglich ist.

Dieses große Vermögen ist ebenfalls siebenfach. Zuerst stellen wir fest, daß das astrale Feuer vom gnostischen Eingeweihten vollständig beherrscht werden kann. Das astrale Feuer gehorcht diesem Menschen, es kann seinem Willen unterworfen werden. Dieses Feuer wird also *das Werkzeug seiner Kraft und das Licht seiner Fackeln.*

Sie wissen, wie sehr der Mensch, der noch an das Rad der Geburt und des Todes gefesselt ist, vom astralen Feuer und seinen Kräften beherrscht wird, die sich in dem planetaren Gefängnis, in dem er sich aufhält, auswirken. Von Sekunde zu Sekunde wird sein ganzes Tun und Lassen vom astralen Feuer der dialektischen Natur bestimmt. Alles, was Form ist und wird, ist daraus zu erklären. Jede Behinderung auf Ihrem Pfad, jede Unzulänglichkeit, jedes Mißlingen hat astrale Gründe. Die astrale Substanz, aus der Sie leben, ist Ihre kosmische Wurzelsubstanz. Der Tod findet in dieser astralen Substanz seine Wurzel. Daher ist es selbstverständlich, daß die geflügelten Genien der Elften Stunde diesen astralen Status unseres planetarischen Gefängnisses überwunden haben, daß sie ihn beherrschen und fähig sind, die lautere, reine astrale Substanz des Abraxas, aus welcher die heiligen Speisen extrahiert werden können, freizumachen und anzuwenden.

Jede Geistesschule, jede Gruppe, die sich nach Erlösung sehnt, kann nur Erfolg haben, wenn sie umringt ist von der reinen, nicht planetarischen, astralen Substanz und daraus gelabt wird. Die geflügelten liebevollen Genien der vorangegangenen Bruderschaft haben also auch uns zur Seite gestanden und auch uns das heilige Feuer gebracht, das Licht ihrer Fackeln, um unser Tempelfeuer anzuzünden. Infolgedessen wissen Sie nun von einem neuen astralen Feld, das zum Lebenden Körper der Geistesschule gehört. Sie wissen von dem Heil, das darin für die junge Gnosis beschlossen liegt, und wir haben Ihnen den Weg gezeigt, damit Sie an diesem Feld Anteil erhalten können, ja, Sie wissen, daß Sie schon jetzt Anteil daran haben können, während der Körper schläft.

Wir wollen Ihnen nun ein klares Bild von einem Aspekt der Genien der Elften Stunde vermitteln.

Das astrale Feuer gehorcht ihnen: *Das astrale Feuer ist der Träger ihres Willens, das Werkzeug ihrer Kraft und die Flamme ihrer Fackeln.* (Der Wille des dialektischen Menschen hat als Träger die Äther). Die Genien bringen die reine astrale Substanz dorthin, wo es erforderlich ist, wo sie nützlich sein kann, überall, wo verständnisvoll darum gebeten wird. Das reine astrale Feuer ist das Panazee für den tiefsten Schmerz der Menschheit, denn wer aus dem reinen, ursprünglichen, astralen Feuer lebt, wird seinem Pymander sicherlich begegnen.

Die Arbeit der geflügelten Genien der Universellen Kette besteht nicht nur darin, Ihnen das eine Nötige zu bringen, nein, gleichzeitig breiten sie ihre Flügel beschirmend über Sie aus, um Sie vor endgültigem Scheitern zu behüten. Wer in Wahrhaftigkeit strebt, empfängt alle Hilfe und allen Schutz, die nötig sind. Sie können sich sicher, geborgen und aufgehoben fühlen unter den Flügeln der Genien, die das astrale Feuer beherrschen, wohlgeborgen »unter den

Flügeln Jehovas«, wie die alten Rosenkreuzer es nannten und damit dasselbe meinten. Um uns ist eine lautere, reine astrale Sphäre ausgebreitet. Wenn Sie wirklich und wahrhaftig streben, entwickelt sich aus der Wolke, die uns überdeckt, ein mächtiges Strahlen; dadurch wird übereinstimmend mit Ihrer eigenen Anstrengung das astrale Feuer des Todes von uns ferngehalten. In diesem Zustand entwickelt sich ein großes, mächtiges und herrliches Wunder, das einmal wie folgt beschrieben wurde:

Die Eichen der heiligen Wälder raunen Orakel;
die Metalle verwandeln sich oder werden Talismane;
die Felsen lösen sich von ihrem Grund
und verwandeln sich –
mitgerissen von der Leier des großen Hierophanten,
und berührt vom geheimnisvollen Schamir –
in Tempel und Paläste;
die Lehrsätze werden formuliert;
die Symbole, dargestellt durch die Pentagramme,
erlangen eine große Wirkung;
die Geister werden von mächtigen Sympathien gefesselt
und gehorchen den Gesetzen der Familie und der Freundschaft.

Das ist die Formel des Wunders, das sich zeigen wird, wenn das neue gnostische Reich sich offenbart und unter die Flügel und die Macht der Genien der Elften Stunde gestellt wird.

Die Menschheit ist in einen neuen Tag des sich offenbarenden Lichtes eingetreten, in eine Periode, da die Schleier hinweggezogen werden und offenbar werden muß, was bis jetzt im Dunkel der Geheimhaltung verborgen lag. Der große Hierophant der Gnosis erhebt den Schamir oder die Schalmei des Jupiterjahres, und ein neuer Ruf trifft uns. Darum muß das Wunder der Elften Stunde vor Ihnen entschleiert werden, damit Worte wie diese nicht Theorie für Sie bleiben. Die Dinge müssen von Ihnen erkannt und begrüßt werden, so daß eine machtvolle Basis des Zusammenwirkens erhalten wird.

Der geheimnisvolle Schamir ist erklungen am Beginn des Jupiterjahres[*]. Alle, die etwas davon vernehmen konnten, alle, die den wunderbaren Klang gehört haben, vereinigen sich in der neuen Aufgabe von Haupt, Herz und Händen.

---

[*] Die Erklärungen des *Nykthemeron* wurden im Jupiterjahr 1957 ausgesprochen.

Hier werden die Werke des ewigen Lichtes durch das Feuer erfüllt.

Zwölfte Stunde

Wir haben vernommen, daß die geflügelten Genien der Elften Stunde, die hohen Eingeweihten der vorangegangenen Bruderschaften, die Botschaft Gottes von Welt zu Welt bringen. Außerdem vernahmen wir, daß sie im Garten der Götter des siebenten kosmischen Gebietes wirksam sind. Sie haben die planetaren astralen Behinderungen überwunden und bringen in den gesamten interplanetarischen Raum das reine astrale Feuer des Anfangs, damit mit dessen Hilfe der Pfad gefunden und die Kraft erlangt werden kann, ihn zu gehen. Und nun endet das Nykthemeron jubelnd mit den Worten:

Hier werden die Werke des ewigen Lichtes durch das Feuer erfüllt.

Die Werke und Pläne des ewigen Lichtes beziehen sich immer auf die Praxis des universellen Liebesgesetzes, nämlich zu retten, was verloren ist, zu trösten, was darniederliegt, die Wunden aller zu heilen, die schmerzhaft getroffen sind.

In allen Zeiten gab es ein gnostisches Reich, ein mächtiges Königreich auf Erden, das von Eingeweihten realisiert werden mußte, damit innerhalb dieses Reiches und durch seine

Kraft die Hilfesuchenden ihren Weg finden konnten. Ein solches Reich muß in seiner magnetischen Ordnung durch das neue astrale Feuer verankert werden. An der Verwirklichung dieses Reiches wurde schon in all den Jahrhunderten gearbeitet, die das Zeitmaß der Großen Pyramide angibt. Wir werden also bald erleben, wie die Anweisungen der Elften und Zwölften Stunde erfüllt werden. Ist es nicht herrlich, zu hören, daß das Nykthemeron des Apollonius von Tyana nicht nur den persönlichen Entwicklungsweg des einzelnen Menschen betrifft, sondern gleichzeitig den Fortgang der Alloffenbarung bezeichnet? An der Erfüllung der Elften und Zwölften Stunde in unserer Zeitepoche dürfen auch wir mitwirken, und auch der Lebende Körper der Geistesschule des Goldenen Rosenkreuzes hat dabei eine wichtige Aufgabe zu erfüllen. Einerseits senden die erhabenen geflügelten Genien das astrale Feuer, während an der anderen Seite die Geistesschule mit ihrer Gruppe steht.

Welches ist nun die wichtigste Aufgabe eines Schülers in der Geistesschule? Durch Selbstübergabe an das heilige Werk die Möglichkeit zu schaffen, damit das neue astrale Feuer seine Arbeit im Lauf dieser Zeiten verrichten kann. Durch Selbstübergabe und persönlichen Liebesdienst für Welt und Menschheit müssen wir es ermöglichen, daß die Gruppe sich genügend geschliffen und poliert erweist, um als Spiegel für das Licht der universellen astralen Sonne dienen zu können und den Glanz der Ewigkeit in unserer dunklen Welt widerzuspiegeln. Wer so mitarbeiten kann, in vollem Bewußtsein mit Haupt, Herz und Händen dienend, muß im umfassendsten Sinn des Wortes ein gnostischer Magier genannt werden.

Ein gnostischer Magier ist ein Mensch, der mit den Kräften arbeiten kann und darf, die ihm von oben – also nicht von dieser Welt – verliehen werden. Das astrale Feuer der Welt des lebenden Seelenzustandes besitzt ja nichts Irdisches und Planetarisches. Dieses Feuer kann mit Recht als göttliche Kraft bezeichnet werden. Darum muß der gnostische Magier sich täglich das bekannte Wort vor Augen halten: »Wer steht, sehe zu, daß er nicht falle!« Denn es gibt drei große Gefahren, die ihn, solange er in der Natur des Todes arbeiten muß, stündlich bedrohen. Es sind aber vier große Kräfte da, die ihm immer zu Hilfe eilen, wenn er sie anruft. Vier Kräfte der Gnade sind es, durch die er schließlich unüberwindlich wird.

Die drei großen Gefahren, die ihn bedrohen, entstehen aus der Tatsache, daß der Arbeiter sich in der Natur des Todes befindet. Der gnostische Magier selbst ist dieser Natur enthoben und hat in seinem wiedergeborenen Zustand an der Welt des lebenden Seelenzustandes Anteil. Da er nun seine Aufgabe in einer ihm völlig fremd gewordenen Naturordnung erfüllen muß, in der sich auch viele feindliche Kräfte befinden, ist es erklärlich, daß er mit diesen Kräften jeden Augenblick rechnen muß.

Die erste Gefahr für den gnostischen Magier besteht darin, daß fortwährend seine Hilfe und sein Beistand verlangt wird. Liegt darin eine Gefahr? In der Tat! Gerade weil der gnostische Magier kraft seines Wesens zuerst ein Helfer sein will. Sie müssen gut verstehen, daß immer eine Bindung entsteht, wenn ein Gnostiker jemandem hilft, eine magnetische Bindung zwischen dem Helfer und dem Hilfsbedürftigen. Eine solche Bindung zwischen einem Seelenmenschen und einem dialektischen Menschen ist daher auch nur in sehr vereinzelten Fällen zu verantworten, nämlich nur dann, wenn für den dialektischen Menschen daraus Seelengewinn, befreiendes Leben entstehen kann. Selbstverständlich verfügt der gnostische Magier, der mit dem neuen astralen Feuer wirkt, über große Kräfte und Möglichkeiten und ist daher in mancher Hinsicht »der Starke«.

Aus diesem Grund versucht die Welt, mit diesen Möglichkeiten und Kräften Mißbrauch zu treiben, um sie für gewöhnliche irdische Angelegenheiten anzuwenden. Gerade dadurch kann der Arbeiter, wegen des magnetischen Gesetzes der Bindung, zum Opfer werden und Gefahr laufen, wieder im planetaren Gefängnis gefangen zu werden. Wer also mit gnostischen Kräften wirkt, muß sehr auf der Hut sein, um nicht auf diese Weise in ein Netz verstrickt zu werden.

Ferner liegt es auf der Hand, daß jeder gnostische Arbeiter der verschiedenartigsten Verfolgung ausgesetzt ist. Die Natur-Äonen der planetaren Sphäre und alle ihre Lichtkräfte werden natürlich durch sein Auftreten gestört, denn die Natur-Äonen werden immer, wie das gnostische Evangelium der *Pistis Sophia* es ausdrückt, durch die große Lichtkraft des sechsten kosmischen Gebietes »aus ihrer Ordnung gestoßen«. Darum wird jeder Arbeiter, wo er sich auch befindet, verfolgt oder in seiner Aktivität behindert werden, nicht von unheimlichen und düsteren Kräften, sondern einfach von allem, was sich in seinem Dasein bedroht fühlt. Sehen Sie diese Verfolgung deshalb als etwas Wesentliches an, das absolut zur Todesnatur gehört.

So wie jemand beim Gehen behindert wird, wenn er

einen Strom durchwaten muß, weil das Wasser-Element mehr Widerstand bietet als das Luft-Element, so sind die fundamentalen Widerstände, die eins sind mit der Natur des Todes, immer bestrebt, den Arbeiter im entarteten Weinberg Gottes zu behindern. Deshalb liegt die Möglichkeit auch sehr nahe, daß ein solcher Widerstand oder ein Zusammentreffen entgegenwirkender Faktoren einen Zwischenfall verursachen, eine Situation herbeiführen, durch die der Arbeiter tatsächlich aufgehalten wird, die er nicht direkt durchbrechen kann. Das bedeutet dann Zeitverlust und Energieverlust und daher Stagnation im großen Rettungsprozeß für Welt und Menschheit.

So erkennen wir für den Kandidaten drei Gefahren: erstens die Gefahr einer verhängnisvollen magnetischen Bindung; zweitens die Gefahr der Verfolgung und somit Verzögerung; drittens die Gefahr einer ernsten Stagnation.

Sie verstehen sicher, daß der Arbeiter sich auf diese Gefahren absolut einstellen kann, wenn er sie kennt und weiß, daß sie ihm auflauern. Er wird stets auf der Hut sein, und so kann ihn nichts Böses überwältigen, allein schon deshalb nicht, weil er ja neben den drei Gefahren auch von den vier Kräften der Gnade Kenntnis hat, die ihn Tag für Tag und Schritt für Schritt begleiten.

Erstens kann der Bruder oder die Schwester des heiligen Grals, auch wenn sie selbst es wollten oder etwas aus Unbewußtheit geschieht, nicht von einer disharmonischen Bindung durch Verfolgung oder Stagnation ergriffen werden. Die Gnosis garantiert die Unmöglichkeit einer Entweihung.

Daraus ergibt sich, daß jeder Teilhaber am universellen

Leben, wo er sich auch infolge seiner Berufung befinden mag, die vollständige Teilhaberschaft an der Welt des lebenden Seelenzustandes behält. Es gibt keine Trennung für jene, die in der Seelengemeinschaft aufgenommen sind.

Drittens besitzt der gnostische Arbeiter das Vermögen zur Unterscheidung der Geister. Er kann daher vollkommen im voraus jeden Geist prüfen, ob er aus Gott ist.

Viertens besitzt der gnostische Magier als Krone der Gnade das Vermögen absoluter Unüberwindlichkeit.

Darum ist es gewiß, daß die Arbeiter, die ihre Aufgabe und Berufung im Prozeß der Seelenrettung für Welt und Menschheit intelligent erfaßt haben und auf dem Pfad des Dienens im Besitz der vier Kräfte der Gnade sind, keine Angst vor den drei besprochenen fundamentalen Gefahren zu haben brauchen. Sie werden zweifellos ihre Aufgabe zu einem guten Ende führen.

AUSGABEN DER ROZEKRUIS PERS

WERKE VON JAN VAN RIJCKENBORGH
Elementare Philosophie des modernen Rosenkreuzes
Der kommende neue Mensch
Die Gnosis in aktueller Offenbarung
Die ägyptische Urgnosis und ihr Ruf im ewigen Jetzt (I, II, III, IV)
Die Geheimnisse der Bruderschaft des Rosenkreuzes (I, II, III, IV)
Dei Gloria Intacta
Das Mysterium der Seligpreisungen
Das Nykthemeron des Apollonius von Tyana
Das Mysterium von Leben und Tod
Der Keulenmensch
Demaskierung
Es gibt keinen leeren Raum
Das universelle Heilmittel
Christianopolis
Das Licht der Welt – Ausschnitte aus der Bergpredigt
Ein neuer Ruf
Die gnostischen Mysterien der Pistis Sophia

WERKE VON CATHAROSE DE PETRI
Transfiguration   Der Dreibund des Lichtes
Das Siegel der Erneuerung   Briefe
Sieben Stimmen sprechen   Das lebende Wort
Das goldene Rosenkreuz

WERKE VON CATHAROSE DE PETRI UND JAN VAN RIJCKENBORGH
Die Bruderschaft von Shamballa   Das neue Zeichen
Der universelle Pfad   Die Apokalypse der neuen Zeit (5 Teile)
Die große Umwälzung   Reveille!
Die universelle Gnosis   Die chinesische Gnosis

WERKE ANDERER AUTOREN
N. Abbestee   – Jugendbibel
Karl von Eckartshausen   – Die Wolke über dem Heiligtum
Antonin Gadal   – Auf dem Weg zum heiligen Gral
Antonin Gadal   – Das Erbe der Katharer / Das Druidentum
Mikhail Naimy   – Das Buch des Mirdad
J. Schootemeijer   – Fernsehen als Gefahr für das Individuum

Fernsehen als Instrument der verborgenen Mächte
Der Weg des Rosenkreuzes in unserer Zeit
Das lebende Rosenkreuz

Rozekruis Pers, Postfach 1307, D 5276 Wiehl, BRD
Rozekruis Pers, Bakenessergracht 5, NL 2011 JS Haarlem, Niederlande
Lectorium Rosicrucianum, Foyer Catharose de Petri, CH 1824 Caux, Schweiz